22년 차 공인중개사가 알려주는
상위 1% 부동산 중개 노하우

22년 차 공인중개사가 알려주는

상위 1%
부동산
중개 노하우

정진숙 지음

매일경제신문사

다시 태어나도 부동산 중개업을 하고 싶은
22년 차 공인중개사의 이야기

자기계발은 자기에 대한 새로운 그 무엇을 만들어냄 또는 자신의 지식이나 재능 따위를 발달하게 하며, 잠재된 자신의 슬기나 재능, 사상 따위를 일깨움의 뜻을 말한다. 평소에 자기계발을 계속한 사람은 좋은 기회가 왔을 때 그것을 잡을 수 있다는 뜻을 품고 있다.

자기계발은 중개업의 중요한 축이다. 내가 쌓은 지식을 바탕으로 더 나은 중개 서비스를 제공하고 고객과 신뢰를 쌓으며 시장에 맞서기 위해 끊임없이 발전해야 한다. 자기계발을 잘하는 공인중개사는 부동산 중개업도 잘한다고 이야기한다.

부동산 중개업에 시작한 지 벌써 22년이 되었다. 이 긴 여정 동안 자기계발을 우선으로 하면 부동산 중개 매물인 아파트, 다가구 주택, 상가, 그리고 토지에 이르기까지 다양한 분야에서 중개를 해왔다. 처음 시작했을 때는 돈을 좇아 눈앞의 이익에만 집중했지만, 시간이 지나면서 부동산 중개의 진정한 가치가 무엇인지 깨닫게 되었다. 이제는 단순한 거래를 넘어, 고객의 삶에 긍정적인 영향을 미치는 일이 부동산 중개업의 본질임을 알게 되었다.

실력의 본질을 깨닫자

부동산 시장은 늘 변화무쌍하다. 여러 번의 상승장과 하락장을 모두 경험하면서 필자는 많은 공인중개사가 상승장의 순간을 자신의 실력이라 과대평가한다는 사실을 목격했다. 그들이 누리는 성공은 시장의 흐름에 의한 것이지, 그들의 능력에만 기인한 것이 아님을 분명히 이해했다. 그런 착각을 피하기 위해, 항상 시장 분석과 고객 니즈를 파악에 힘쓰며 실력을 갈고닦았다.

필자는 22년의 세월 속에서 부동산 공인중개사로서 전문성을 구축해왔다. 목표는 언제나 고객의 이익을 최우선으로 두고, 고객들과의 신뢰를 쌓는 것이었다. 이 과정에서 수많은 고객과 만남을 통해 다양한 사례와 노하우를 쌓아왔다. 이 책을 통해 그 경험을 나누고 싶다.

경제적 불안정함을 극복하기 위한 노하우

많은 사람이 부동산 중개업의 수입이 불안정하다고 생각한다. 하지만 그것이 반드시 사실이 아님을 보여주고 싶다. 평균 매출을 유지하고 지속적인 수익을 창출하기 위한 노하우가 있다. 이 노하우를 통해 누구든지 지역의 1등 공인중개사가 될 수 있다는 희망을 전하고 싶다.

예를 들어, 한 클라이언트와 함께한 사건을 이야기하겠다. 처음 그분은 부동산에 대한 이해도가 낮아 무작정 저렴한 매물을 찾고 계셨다. 하지만 그분의 요구를 이해하고, 시장을 분석해 최적의 매물을 제시했다. 결국, 그분은 기대 이상의 거래를 성사시키며 만족해했다. 이처럼 고객을 위해 고민하고 연구하는 과정이 중요하다는 것을 실감했다.

겸손의 미덕

공인중개사로서 가장 중요한 덕목은 겸손이다. 시장의 변화는 언제나 예측할 수 없는 법이다. 항상 배우고 성장하려는 자세를 유지하며, 고객의 입장에서 고민한다. 이 책은 부동산 중개업을 시작하는 초보 공인중개사뿐 아니라, 이미 경력이 있는 중개사에게도 유용한 정보가 될 것이다.

고객과의 신뢰 구축

신뢰는 부동산 중개업의 핵심이다. 고객과의 관계는 단순히 계약으로 끝나는 것이 아니라, 지속적으로 발전해야 한다. 겪은 다양한 사례들을 통해, 독자 여러분이 고객과의 관계를 더욱 깊이 있게 발전시킬 수 있는 방법을 찾길 바란다.

예를 들어, 한 번 거래했던 고객이 기억하고 다시 찾아오는 경우가 많다. 그들은 경험을 바탕으로 새로운 거래를 의뢰하거나 주변에 필자를 추천해주기도 한다. 이런 관계가 형성되면, 그 자체로 필자의 업무가 훨씬 수월해진다.

고객의 삶에 깊은 영향을 미치는 부동산 중개

이 책을 통해 겪은 다양한 경험과 배움을 나누고 싶다. 부동산 중개업은 단순한 물건을 중개하는 것이 아니라, 고객의 삶에 깊은 영향을 미치는 중대한 일이란 사실을 모두가 인지했으면 좋겠다. 이 책이 여러분의 부동산 중개업에 긍정적인 영향을 미치고, 고객과의 관계를 더욱 깊이 있게 발전시키는 데 도움이 되기를 진심으로 희망한다. 22년의 경험이 담긴 이 이야기가 여러분에게 큰 도움이 되길 바란다.

정진숙

차례

PART 06 전국의 시장을 볼 수 있는 안목을 키우자

PART 07 미래의 부동산 시장 분석과 중개업의 트렌드 변화

PART 08 부동산 중개도 평생 교육이 필요하다

나의 22년 부동산
중개업을 돌아보며

나는 어떻게 공인중개사가
되었는가?

　결혼 전부터 부동산에 대한 깊은 관심이 있었다. 충남 논산에서 자라 경제적으로 어려운 가정 형편 속에서 부모님의 지원 없이 홀로 서울로 상경하게 되었다. 처음 서울에 올라왔을 때, 첫 번째 목표는 안정적인 직장을 구하고 자취방을 마련하는 것이었다. 하지만 집을 구하는 과정에서 많은 어려움을 겪었고, 부모님의 도움 없이 스스로 해결해야 했기에 매번 발로 뛰며 집을 알아보는 일이 힘들었다.

　전세 계약을 맺는 일도 순탄치 않았지만, 이 과정에서 자연스럽게 부동산에 대한 이해가 깊어졌고, 전문가로서 이 분야에서 성장하고 싶다는 꿈이 생기게 되었다. 동시에, 부동산 투자를 통해 안정적인 재정을 마련하겠다는 결심도 했다.

　결혼 후에도 그 꿈을 포기할 수 없었다. 두 아이를 키우며 가정을 꾸리느라 바쁜 일상 속에서, 공인중개사 시험에 도전하기로 결심했다. 두 아이의 엄마로서 육아와 살림을 병행하며 공부하는 일은 결코 쉬운 일이 아니었다. 남편의 반대도 있었고, 당시에는 지금처럼 온라인 강의가 활성화되지 않아 오프라인 학원에 다니며 공부해야만 했다. 아이들을 시골 친정 부모님과 시댁에 맡기고 학원에 다니며 꿈을 향해 한 발 한 발 나아갔다.

2002년 1차 시험에 합격했지만, 2차 시험에서는 컨디션이 좋지 않아 불합격하는 아쉬움이 있었다. 그러나 그 실패에도 포기하지 않고 다시 도전해서, 2003년 2차 시험에 합격하면서 공인중개사 자격증을 취득하게 되었다. 자격증을 취득하는 과정은 결코 순탄하지 않았다. 아이들이 잠든 후에야 비로소 책상에 앉아 공부를 시작할 수 있었고, 수없이 많은 밤을 새우며 시험을 준비했다.

자격증을 취득한 후, 필자는 원룸과 투룸이 밀집한 지역에서 소속 공인중개사 생활을 시작했다. 당시 부동산 시장은 지금과는 매우 달랐다. 물건을 확보하기 위해서는 신문 광고를 내거나 직접 전단을 붙여야 했다. 매일 4~5층 건물을 오르내리며 명함을 붙이고 전화를 돌려 매물을 확보했다. 처음엔 낯설고 어려웠지만, 고객과의 신뢰를 쌓아가며 조금씩 자신감을 얻어갔다.

그러나 뜻하지 않은 일이 생겼다. 아이가 교통사고로 입원하게 되면서 첫 직장을 다니기 시작한 지 4개월 만에 그만둘 수밖에 없었다. 이후 집 근처의 또 다른 부동산 중개사무실에서 다시 일을 시작했지만, 그곳은 주로 경매 대행을 중심으로 운영되는 곳이라 중개 업무를 제대로 배우기 어려웠다. 결국, 스스로 부동산 계약에 대해 공부하고, 같은 길을 걷는 동기들에게 묻고 배우며 경험을 쌓아갔다.

부동산 중개 일을 하던 중 너무 막막하고 어려워 부동산 중개 실무 강의를 들으며 다시 한번 중개업 공부에 몰두하기 시작했다. 이 과정에서 많은 네트워크를 형성할 수 있었고, 그 네트워크는 중개업 방식과 방향을 결정하는 데 큰 도움을 주었다. 함께 공부한 사람들과의 인연은 강한 결속력을 바탕으로 장기적인 협업을 가능하게 했다.

2004년 11월, 자금이 부족해 원하는 위치에 차릴 수는 없었지만, 현재의 자금에 맞추어 작은 중개사무실을 오픈하게 되었다. 심지어 보험회사 약관대출까지 받아야 했지만, 오픈한 지 한 달 만에 대출금을 모두 갚을 정도로 영업은 순조롭게 진행되었다. 첫 계약은 넓은 평수에서 작은 평수로 이사하려는 고객과의 거래였고, 그 계약을 성공적으로 마치면서 큰 자신감을 얻게 되었다.

가족들의 헌신적인 도움 덕분에 필자의 중개사무실은 꾸준히 성장했다. 남편은 일을 적극적으로 지지해주었고, 아이들은 엄마의 일을 이해하고 따뜻하게 응원해주었다. 부모님 역시 물심양면으로 도와주었다. 이처럼 가족의 협력과 내조 덕분에 공인중개사로서 자리 잡을 수 있었다.

부동산 중개업은 여전히 큰 즐거움과 성취감을 준다. 이 직업은 많은 사람과의 소통을 통해 그들의 삶에 긍정적인 변화를 주는 기회를 제공한다. 또한, 네트워크를 형성하고, 전문성을 끊임없이 발전시키며 유능한 공인중개사로 성장해나가는 과정은 결코 쉽지 않았지만, 그만큼 보람과 만족감을 느낄 수 있었다.

이 책이 많은 이들에게 공인중개사의 길을 선택하고 성공하는 데 작은 도움이 되길 바란다. 지속적인 노력과 학습, 그리고 가족의 지지와 협력이 있다면 누구든지 이 직업에서 큰 성과를 거둘 수 있을 것이다. 이 여정이 독자 여러분에게 영감을 주기를 희망한다.

02

선한 영향력은
결국 이득으로 돌아온다

　주변에는 부동산 중개 경력이 오래된 사람도 많지만, 경력이 짧은 사람들도 많이 있다. 경력이 짧아도 능숙하게 업무를 처리하는 분들이 많은데, 그 이유는 우리가 서로 돕기 위해 노력하기 때문이다. 이를 '선한 영향력'이라고 부르고 싶다. 물론 고객을 대할 때는 전문가가 지녀야 할 능력과 태도가 중요하며, 고객의 선택을 돕기 위해 반드시 전문가가 되어야 한다. 이를 위해 많은 노력을 기울여야 한다.

　필자는 경력이 짧은 사람들과 처음부터 지식을 공유하며 함께 공부하고, 서로 도움을 주고받으며 성장해왔다. 이 과정에서 경력이 적더라도 오랜 경력자처럼 일하는 사람들을 많이 봤다. 공인중개사를 처음 시작하면서 대부분 소속 공인중개사로 시작하는데, 대표 공인중개사에게 중개 업무를 배우고 싶어서다. 하지만 많은 소속 공인중개사들은 대표에게서 제대로 가르침을 받지 못한다는 이야기를 많이 한다.
　그 이유는 대표 공인중개사들이 자신의 정보와 노하우를 직원에게 알려주었을 때, 그 직원이 어느 정도 배운 후 독립해 사무실을 오픈하기 때문이다. 그래서 쉽게 자신의 정보를 공개하지 않는 경우가 많다. 하지만 이것은 대표가 전문성과 노하우가 부족하기 때문에 나타나는 현상이라고 생각한다. 충분한 실력과 자신감을 갖춘 대표라면 직원에게 많은 것을 알려주어도 두려울 것이 없을 것이다. 그래서 사무실에 들어오는 직원들에게 알고 있는 모든 정보와 노하우를 아낌없이 알려주었고, 그 결과 직원들은 독립해 자신의 사무실을 열고 성공적인 중개업을 하고 있다.

고객들이 선택하게 만드는 방법이 노하우라고 생각한다. 차별화된 서비스와 고객과의 신뢰는 성장하는 원동력이다. 그래서 '선한 영향력'이라는 개념을 떠올리게 되었다. "배워서 남 주자"라는 신념을 가지고, 지식을 아낌없이 나누어왔다. 덕분에 함께하는 공인중개사들 역시 빠르게 성장했고, 그들의 성장은 성공으로 이어졌다.

부동산 중개업에는 다양한 고객들이 있다. 첫 번째는 매도인, 매수인, 임대인, 임차인 같은 실질적인 계약서를 작성하는 고객들이다. 두 번째는 공동중개를 해야 하는 다른 공인중개사들이다. 많은 중개사가 공인중개사들에게 정보를 공유하면 자신의 노하우가 유출되어 경쟁력이 떨어질까 두려워하지만, 그들과 반대로 오히려 정보를 개방적으로 공유하면서 더 큰 성장을 이루었다.

부동산 중개 경력 5년이 되지 않았지만, 알고 있는 전문 지식과 네트워크를 공유받아 더 성장한 사례도 많이 있다. 중개사무실 개업 3년 차인 공인중개사분들이 월 매출 1,000만 원을 달성하는 모습을 보며, 역시 그들과 함께 성장하고 있다. 아는 지식과 노하우를 숨기지 않고 아낌없이 나누면, 그들도 성공하고 또한 더 큰 성장을 이룰 수 있다고 믿는다.

　요즘은 정보가 넘치는 시대다. 알고 있는 정보는 더 이상 나만의 것이 아니다. 공인중개사로 진입하는 능력 있는 사람들이 많고, 그들은 가진 지식을 빠르게 습득하고 적용할 수 있다. 배운 정보와 노하우를 공유하지 않고 숨긴다면, 그것은 큰 오산이다. 모르는 부분이 있으면 다양한 매체를 통해 배우고 공부하며, 배운 정보를 필요한 사람들에게 서슴없이 공유한다. 그렇게 하면서 역시 더 큰 성장을 이루어왔다.

　세종시에서도 많은 공인중개사가 함께 활동하며 각자의 자리에서 충실히 업무를 수행하고 있다. 그들에게 선한 영향력을 끼치고, 그들 역시 성장하게 하는 동반자가 되었다. 초보 공인중개사들에게 강의하며 그들의 성장을 돕는 것도 선한 영향력의 일환으로 생각하고 있다.

　처음 공인중개사 자격증을 따고 중개업에 입문하려는 사람들은 두려움이 클 것이다. 그 두려움을 덜기 위해 많은 사람이 학원에 다니며 공부하지만, 실무에서 직접 중개업을 하며 강의를 해주는 사람은 드물다. 물론 법적 지식은 전문 강사나 교수가 필요하지만, 현장에서의 실질적인 사례와 대응 방법을 가르쳐줄 수 있는 사람은 많지 않다. 필자는 현장에서의 경험을 바탕으로 그들에게 실질적인 도움을 주고자 강의를 시작했다. 부담스럽기도 했지만, 10년째 강의를 하며 많은 초보 공인중개사들에게 도움이 된다는 이야기를 들을 때 큰 보람을 느낀다.

　사람들은 왜 강의를 하느냐고 묻는다. 사실 중개업에서 계약을 통해 받는 수수료가 강의료보다 훨씬 높다. 하지만 노하우가 필요한 사람들이 있고, 그들에게 도움이 된다면 강의를 계속할 생각이다. 목표는 중개업의 소명과도 같고, 선한 영향력을 널리 펼치고자 하는 마음에서 시작된 것이다.

다양한 선한 영향력을 발휘하기 위해서는 먼저 영향력을 끼칠 수 있는 자질을 갖추어야 한다. 그 자질은 전문성이라고 생각하며, 이를 기르기 위해 지속적인 학습이 필요하다. 각 사람의 상황에 맞는 맞춤형 서비스처럼, 영향력을 끼칠 대상에게도 맞춤형 접근이 필요하다. 성장을 위해서는 끊임없이 자신을 발전시키고, 전문가로서 자질을 키워나가야 한다. 그것이 공인중개사로서 성공하는 길이라고 생각한다.

인생을 바꾸는 기회,
부동산이면 충분하다

필자는 2005년에 부동산 중개업을 시작하면서, 당시 손에 현금 1,500만 원도 없을 정도로 형편이 어려웠다. 그러나 중개업을 통해 수익을 창출하고, 그 수익을 모아 부동산 투자로 이어가면서 안목을 키워갔다. 그렇게 지금까지 부동산 중개업과 투자를 병행하며 커리어를 쌓아왔다.

부동산 중개업은 단순히 중개 수익을 창출하는 것뿐만 아니라, 부동산 투자 물건을 보는 안목을 키울 수 있는 기회를 제공한다. 그래서 항상 중개와 투자를 동시에 진행하라고 권한다. 부동산 투자로 수익을 창출하는 방법도 있지만, 고가의 매물을 중개하다 보면 높은 중개수수료 요율로 인해 높은 수익을 얻을 때도 많다.

2023년과 2024년, 부동산 경기가 좋지 않아 많은 중개사무실이 폐업하는 어려운 시기에도, 운영하는 중개사무실은 고객이 끊이지 않는다. 고객을 응대하고 브리핑하며 계약을 성사시키는 일로 저녁이 되면 목이 아플 정도로 바쁘다. 직원들도 마케팅과 업무를 위해 늦은 시간까지 근무하고, 퇴근 후에도 업무를 이어갈 때가 많다. 그들에게 강제로 시킨 것이 아니라, 직원들 스스로 수익을 창출하고 자신들의 목표를 이루고자 하는 동기 덕분에 가능한 일이다. 그만큼 부동산 중개업은 열심히 하면 그 어떤 직업보다 부자가 될 수 있는 기회를 제공한다.

이 책에서는 부동산 중개업을 통해 인생을 바꾸는 다양한 이야기들을 다룰 것이다. 하지만 나 자신도 이 일을 통해 인생이 완전히 바뀌었다. 가족, 친구, 지인들 역시 부동산을 통해 삶의 질을 변화시키고 있다.

공인중개사 자격증을 취득하고 중개업에 입문하면, 어느 정도 시간이 지나야 중개 고수로 올라설 수 있다. 처음에는 자격증 취득과 함께 중개 경험을 쌓아야 하고, 시간이 지나면 목돈을 모으게 된다. 이 목돈으로 투자를 하면 중개 수익과 함께 투자 수익도 창출할 수 있어, 수익이 배가 되는 구조를 만들 수 있다. 이러한 시스템을 활용해 부를 창출했으며, 지금도 계속해서 그렇게 하고 있다.

인생을 바꿀 기회는 부동산 중개업으로 충분하지만, 반드시 몰입해야 한다. 중개업에 몰입하지 않고 다른 일을 병행하면 성공하기 어려울 것이다. 주변에 주식과 부동산 중개업을 동시에 하는 사람들도 많지만, 철저하게 부동산에만 몰입했다. 근무 시간뿐만 아니라, 그 외 시간에도 부동산 관련 업무에 집중하면서 성과를 냈다.

그 결과, 직원들도 만족스러운 성과를 내며 그들의 삶 또한 바뀌고 있다. 부동산 중개업은 필자의 인생을 완전히 바꾸었다. 실업계 고등학교를 졸업하고, 대학을 진학하지 못한 채 곧바로 취업했다. 이른 결혼으로 가정주부로만 살 수밖에 없었지만, 공인중개사 자격증을 취득하면서 필자 인생은 180도 달라졌다.

2004년에 부동산 중개사무실을 개업한 이후, 22년이 지난 지금 인생뿐 아니라 가족, 친구, 지인들의 삶을 변화시키는 사람이 되었다. 이 변화의 중심에는 부동산이 있었다. 집에서 살림만 하고 아이만 돌보던 공인중개사가 되고 나서, 살림과 중개사무실 운영, 투자를 병행하며 삶의 질은 더욱 높아졌다.

　　남편의 수입에 의존하던 필자는 중개업으로 경제적 자립을 이루었고, 그 결과 가족의 삶의 질도 높아졌다. 부동산 투자로 얻은 수익은 고객들에게도 큰 도움이 되었고, 그들은 통해 인생을 변화시키는 계기를 마련했다. "부동산으로 인생을 바꾸는 것이 충분하다"라는 말을 자주 한다.

　　필자의 조카도 비슷한 사례다. 유명 세무 회계사무실에 다니며 월급을 받았지만, 월급만으로는 인생을 바꿀 수 없다고 판단해 부동산 투자에 뛰어들었다. 불과 4년 만에 월세 수익만으로 월 2,000만 원을 벌며 경제적 자유를 누리고 있다. 역시 부동산 중개업을 시작하며 꿈인 대학 졸업을 이루었다. 주경야독으로 아이들과 함께 공부하며 대학 졸업장을 받았고, 지금은 대학원 진학을 준비하고 있다.

　　부동산 중개업을 통해 경제적 여유를 얻었고, 아이들도 일하는 모습을 보며 성실하게 성장했다. 시험 기간에는 아이들과 함께 도서관에 가서 공부했고, 아이들은 필자를 존중하며 성취를 응원해주었다. 부동산 중개업이 주는 경제적 여유 덕분에 아이들에게 더 많은 기회를 제공할 수 있었다. 그들은 해외 연수를 다니며 경험을 쌓았고, 대학에서는 아르바이트 없이 공부에 집중할 수 있었다.

　　부동산 중개업은 경제적 여유뿐만 아니라, 아이들에게 꿈과 희망을 줄 수 있는 직업이다. 부동산만으로도 인생을 바꾸는 데 충분하다. 이 직업을 통해 나뿐만 아니라 가족과 지인들의 삶을 바꿀 수 있었다.

지금도 초보 공인중개사들에게 강의하며, 그들이 성공할 수 있도록 돕고 있다. 고등학교를 졸업한 후, 대학을 졸업하고 강단에 설 기회는 다른 분야에서는 흔하지 않다. 하지만 부동산 중개업 덕분에 경제적 여유를 얻었고, 지금은 대학원까지 준비하며 꿈을 이루어가고 있다.

부모님의 도움 없이 스스로 가정을 꾸렸고, 부동산을 통해 경제적 기반을 마련했다. 성장시키고 인생을 바꾸는 계기가 된 부동산 중개업은 자랑스러운 직업이다. 앞으로도 이 직업을 추천하며, 초보 공인중개사들이 성공할 수 있도록 도울 것이다.

다시 한번 말하지만, 인생을 바꾸는 기회는 부동산만으로도 충분하다.

중개업도 계획을 가지고
시작하자

부동산 중개업을 22년 동안 이어오며, 50세에 은퇴하겠다는 목표를 세웠다. 처음 중개업을 시작할 때부터 20년의 로드맵을 작성하고 그 계획에 맞춰 움직였다. 초반에는 아이들이 어렸기 때문에 집 주변에서 중개사무실을 개업하며 일을 시작했고, 아이들이 자라면서 다른 방향을 모색하던 중 세종이라는 신도시에 진입해 새로운 시작을 하게 되었다.

부동산 중개업을 하다 보면 다양한 상황이 발생하고, 때로는 모든 분야를 다 선점하고 싶다는 욕심이 생기기도 한다. 하지만 현실적으로 한 번에 모든 분야를 다루기는 어렵다. 잘하는 하나의 분야를 먼저 완벽히 마스터하고, 그다음에 다른 분야로 확장해나가는 것이 더 바람직하다고 생각한다.

초보 공인중개사들에게 강의하면서 자주 묻는다. "어떤 부동산 중개를 하고 싶으세요?" 또는 "어떤 입지에 중개사무실을 개업하고 싶으신가요?" 그러면 대부분의 대답은 비슷하다. "아파트도 중개하고요, 상가도 중개하고, 아파트와 상가 일이 없을 때는 원투룸도 중개할 수 있는 그런 입지를 찾고 싶습니다." 이런 답변은 현실적이지 않다. 아파트, 상가, 원룸과 투룸, 토지까지 다 중개할 수 있는 사람은 없다. 특히 초보 공인중개사에게는 더더욱 불가능한 일이다. 부동산 중개업 경력이 10년 이상 되지 않았다면 이런 식으로 모든 분야를 다루는 건 힘들다.

부동산 중개업에도 업무의 체계가 필요하다. 처음에 원룸, 투룸이 밀집한 지역에서 약 7~8개월간 중개업을 시작했다. 그동안 단독주택지와 상가를 눈여겨보고, 계속해서 공부했다. 원룸, 투룸 중개 경험을 통해 중개 프로세스를 명확히 이해하게 되었고, 고객을 끌어들이며 계약을 성사시키는 기술을 익혔다. 그런 후, 아파트 단지로 넘어갔다. 아파트 중개는 원룸, 투룸에 비해 상대적으로 쉬웠고, 일도 수월했다. 다소 단조롭고 생동감이 덜해 재미는 없었지만, 아파트 중개를 4년 정도 열심히 했다. 그러다 원룸, 투룸과 아파트 중개를 동시에 할 수 있는 입지를 찾아 두 마리 토끼를 잡을 수 있었다.

필자는 세운 목표를 하나씩 이루어갔다. 그러던 중 중개업을 그만두려고 했지만, 세종시 신도시라는 기회가 찾아오면서 또 다른 꿈을 꾸게 되었다. 역동적인 부동산 시장의 변화는 큰 영감을 주었고, 중개업을 10년 더 연장하기로 마음을 먹었다. 10년의 플랜을 새로 세우고, 50세에 은퇴해 토지 중개업으로 전환하겠다는 계획을 세웠다.

세종시에 진입한 후, 상가 입찰, 단독주택 입찰, 원주민 관리 등 다양한 분야를 다루며 상가 중개에 몰입했다. 상가에만 5년을 집중하며 많은 경험을 쌓았고, 이제는 50세에 가까운 지금 2년 전부터 계획대로 토지 중개로 전환하고 있다. 물론 여전히 오피스텔, 도시형 원룸, 아파트,

상가도 병행하고 있다.

어떤 고객이 와서 어떤 질문을 하더라도 답변할 준비가 되어 있다. 또한 그들에게 맞는 컨설팅을 제공할 자신감도 있다. 그 이유는 중개업을 유행이나 시장의 흐름에 휘둘리지 않고, 필자만의 주관과 실력을 쌓아왔기 때문이다. 아파트 시장이 호황일 때는 아파트에 몰입하고, 상가가 뜨거울 때는 상가에 집중했으며, 토지 시장이 활황일 때는 토지 중개에 전념했다. 이렇게 계획적으로 움직인 덕분에 필자는 각 분야에서 성공을 거둘 수 있었다.

부동산 중개업은 쉬운 일이 아니다. 그러나 경험한 것처럼, 각 분야에서 전문성을 키우고 꾸준히 몰입한다면 큰 성과를 낼 수 있다. 이 책을 읽는 여러분에게도 계획과 로드맵, 그리고 자신만의 주관이 있어야 한다고 조언하고 싶다.

곰곰이 생각해보자. 왜 부동산 공인중개사라는 직업을 선택했는가? 어떤 방향으로 부동산 중개업을 해나갈 것인가? 그리고 어느 분야에서, 어느 정도까지 전문성을 키울 것인가? 단순히 계약을 성사시키고 수익을 창출하는 것만으로 만족할 것이 아니라, 진정한 전문 직업인으로서의 자부심과 긍지를 가지고 꾸준히 월 1,000만 원 이상의 수입을 창출할 수 있는 공인중개사가 되기 위해서는 명확한 플랜이 필요하다.

계획이 있는 공인중개사는 해마다 성장하고, 도전하며 발전한다. 플랜이 있었기에 지금의 자리에 오를 수 있었다. 앞으로도 계속 성장하려고 노력하고 있다. 과거 경험을 참고해 여러분도 자신만의 플랜을 작성해보기를 추천한다. 나이와 경력은 중요하지 않다. 지금은 정보가 넘쳐 나는 시대다. 마음을 먹고 행동하면 여러분의 5년, 10년 계획을 이룰 수 있다. 다만, 몰입하고 열정을 쏟아야 한다.

필자는 3년 차에 원룸, 투룸과 아파트 중개를 섭렵했고, 5년 차에는 상가와 단독주택을 다루며 더 많은 경험을 쌓았다. 7년 차에는 다가구 주택 매매와 분양 관련 업무를 조금씩 배워가며 영역을 넓혔다. 8년 차부터는 세종시 신도시에서 원주민 권리 입찰, 토지 관련 중개와 투자를 경험하며 플랜을 계속 채워나갔다.

부동산 중개업을 시작하면서 "쉬운 분야부터 시작해야겠다"라는 생각은 버리자. 진정으로 중개하고 싶은 분야가 무엇인지 명확히 설정하고, 그 목표에 맞는 연도별 플랜을 세우는 것이 중요하다. 매년, 매월 계획을 세우고 그에 따라 꾸준히 중개업에 임한다면, 목표에 한 걸음씩 다가갈 수 있을 것이다.

마케팅에서 매출의
답을 찾다

　부동산 중개업을 하면서 가장 중요하게 생각하는 것이 바로 마케팅이다. 마케팅은 쉽지 않고, 많은 끈기와 노력이 필요하다. 꾸준한 노력은 마케팅을 최적화하는 데 큰 도움이 되었고, 다양한 마케팅 트렌드와 방향성을 배우기 위해 여러 교육기관에서 교육을 받으며 부동산 중개업에 적용해왔다. 지금도 마케팅은 중개업 성공의 핵심이라고 생각하며 계속해서 배워가고 있다.

　부동산 중개업에서 계약을 성사시키기 위해서는 무엇보다도 고객의 전화를 받아야 한다. 고객의 전화를 받는 것 자체가 마케팅의 결과라고 생각한다. 현재 우리 사무실에서는 블로그, 유튜브, 네이버 플레이스, 인스타그램 등 다양한 채널을 통해 마케팅을 진행 중이다. 중요한 것은 마케팅을 대충 남들이 하는 것처럼 따라 하지 않는다는 점이다. 모든 마케팅 활동을 처음부터 끝까지 철저하게 계획하고 전략적으로 접근한다.

마케팅의 시작은 고객을 유치하기 위한 마케팅이다. 온라인과 오프라인을 모두 활용해 고객을 유치하는 데 힘을 쏟는다. 어떤 온라인 마케팅을 할 것인지, 오프라인 마케팅을 어떻게 적용할 것인지는 사무실 위치와 현장 상황, 취급하는 부동산 상품에 따라 달라진다. 부동산 중개업의 마케팅도 분야별로 다르게 접근해야 한다. 단순히 남들이 하는 마케팅을 무작정 따라 하기보다는, 사무실과 취급 물건에 맞는 전략을 수립하는 것이 중요하다.

예를 들어, 아파트 단지에서 중개업을 한다면 네이버에 집중적으로 광고를 해야 할 것이다. 반면, 상가를 중개하는 경우라면 현수막이나 블로그, 유튜브를 활용하는 것이 더 효과적일 수 있다. 특히 상가 광고에 많은 공을 들이고 있는데, 상가 임대나 매매 문의가 들어올 때 다른 공인중개사와 차별화된 방식을 사용한다. 예를 들어, 현수막에는 필자의 얼굴, 상호, 로고를 포함해 고객에게 신뢰감을 주는 전략을 사용한다. 그러면 지나가는 고객들이 필자의 얼굴을 보고 더 많은 전화를 걸게 된다.

출처 : 저자 제공

토지 분야에서는 주로 블로그와 유튜브에 집중해 마케팅을 진행하고 있다. 취급하는 부동산 물건과 현장에 맞는 마케팅 방식을 고민하고 적용해야 한다고 믿는다. 아파트를 중개하는 경우에는 각종 웹사이트 광고와 함께 엘리베이터 광고까지 활용해 알리는 데 힘쓴다.

물론, 이 마케팅 방식이 모든 상황에 맞는 것은 아니다. 현재 상황과 지역 특성에 맞춰 마케팅 전략을 적용하고 있다. 다른 사람이 하는 마케팅 방식을 그대로 따라 하기보다는, 현장에 맞는 전략을 찾아내는 것이 중요하다. 많은 공인중개사와 대화를 나누다 보면, 그들은 "블로그와 유튜브를 해야 한다면서요?"라고 쉽게 이야기한다. 하지만 10년 넘게 꾸준히 몰입해 마케팅을 진행하는 사람은 거의 없다. 이는 철저히 나와의 싸움이며, 시간을 투자하고 끈기 있게 몰입해야만 성공할 수 있다.

입주 세대에게 DM을 보내는 것도 단순히 대량으로 보내는 것이 아니라, 현장과 상품에 맞게 타깃을 정해 보내야 한다. 예를 들어, 입주 초기에 보내는 DM과 입주 후 일정 시간이 지난 후 보내는 DM은 그 내용과 접근 방식이 다르다. 단순히 다른 중개사들이 보내기 때문에 따라 하는 것은 오히려 이미지에 손상을 줄 수 있다. 입주자들이나 주택임대사업자들에게 맞춤형 DM을 보내 고객이 자연스럽게 연결되도록 전략을 짜고 있다.

또한 거래를 마친 고객에게는 '오프라인 마케팅'을 통해 마지막 인상을 남긴다. 예를 들어, 매수 고객이 이사할 때 케이크를 선물하면서 "축 입주"라는 메시지를 담아 전달한 적이 있다. 고객들은 이 케이크를 받으며 잊지 못한다고 이야기한다. 이러한 작은 차이가 고객에게 깊은 인상을 남기고, 신뢰를 쌓는 데 도움이 된다.

부동산 마케팅은 다른 사람이 하는 방식이 아니라, 다루는 물건과 현장에 맞는 맞춤형 전략을 세워야 한다. 남들과 똑같은 방식이 아니라 차별화된 마케팅 전략을 고민하고, 관련 서적을 통해 꾸준히 배우고 적용하는 것이 중요하다.

다행히 유튜브 광고에 특화되어 있고, 이를 통해 재미를 느끼며 꾸준히 유튜브 영상을 올리고 있다. 덕분에 세종시에서 아는 사람들이 많아졌고, 물건을 매도하거나 매수할 때 많은 상담을 진행하고 있다. 이처럼 마케팅은 부동산 중개업에서 중요한 요소 중 하나다. 어떻게 마케팅을 적용할지 항상 머릿속에 고민하고 계획하는 것이 성공의 열쇠라고 생각한다. 이 도서를 읽어보면 어떻게 꾸준히 해나갈 수 있는지를 알 수 있을 것이다.

지역 내 1등 중개사가
되기 위한 전략

단순 중개사와
전문 중개사의 차이

부동산 중개업을 한다고 해서 모두 같은 방식으로 중개를 하는 것은 아니다. 이 차이를 단순 중개사와 전문 중개사로 나누어 설명하고 싶다. 중개사무실을 30년간 해온 아파트 단지 내 중개사와 다양한 현장을 다니며 10년간 부동산 중개를 해온 중개사 중, 과연 누가 단순 중개사이고 누가 전문 중개사일까?

사실, 굳이 나눌 필요는 없을지도 모른다. 하지만 고객의 입장에서 보면, 고객은 공인중개사를 만물박사로 생각하고, 사무실을 방문하면 자신이 필요로 하는 모든 정보를 알고 있을 것이라고 기대한다. 그래서 공인중개사는 단순한 중개사가 아니라, 고객에게 필요한 모든 정보를 제공할 수 있는 전문 중개사가 되어야 한다.

부동산 중개는 단순히 물건을 접수하고, 집을 보여주며, 계약하고 잔금을 받는 것만으로는 장기적으로 높은 수익을 올리기 어렵다. 하지만 전문 중개사가 되면 다른 부동산 중개업자와 차별화된 서비스를 제공하게 되고, 그 결과 오랜 시간 동안 안정적이고 높은 수익을 창출할 수 있다. 이러한 이유로 필자는 중개사를 단순 중개사와 전문 중개사로 구분할 필요가 있다고 본다.

단순 중개사로서 아파트 중개만 하기를 원하지 않았다. 새로운 부동산 상품, 새로운 시장, 새로운 현장이 있을 때마다 열심히 찾아다니며 귀로 듣고, 눈으로 보고, 다양한 정보를 습득했다. 고객과의 소통을 통해 필자가 얻은 정보를 그들에게 전달하는 것을 목표로 삼았다. 이처럼 부동산을 중개하다 보니, 필자는 자연스럽게 오랜 고객과 소개로 인한 새로운 고객들로 중개업을 지속할 수 있었다.

돌이켜보면, 단순 중개사가 아닌 전문 중개사가 되기 위해 많은 노력을 했고, 그 결과로 지금까지 좋은 성과를 거두고 있다고 생각한다. 단순 중개사와 전문 중개사의 차이는 아주 미세하다. 마치 종이 한 장 차이처럼 보일 수도 있지만, 그 얇은 종이 한 장의 차이를 만들어가는 과정은 결코 쉬운 일이 아니었다. 그러나 분명히 가능하다. 그 기준은 단 한 가지, 바로 '몰입'이다.

부동산 공인중개사 일은 공장에서 정형화된 물건을 생산하는 일이 아니다. 상황마다, 계약마다 모두 다르고, 똑같은 사례는 하나도 없다. 그렇기 때문에 각 상황에 맞는 대응 능력이 중요하다. 고객의 자산을 어떻게 지키고, 손실을 방지할 수 있을지는 필자가 얼마나 전문성을 갖추고 있느냐에 달려 있다. 지난 22년 동안 수천 건의 계약을 진행했지만, 단 한 건도 똑같은 상황은 없었다. 미세한 차이는 있었지만, 99%의

사례는 모두 다르게 진행되었다.

예를 들어, 매매계약을 진행할 때 매수인과 매도인의 상황을 맞추는 것이 중요하다. 얼마 전, 한 계약에서 매도인의 집에 살고 있던 임차인의 계약 만기는 2025년 8월이었고, 매수인은 2024년 10월에 입주를 원했다. 이사 비용 문제를 조율하고, 임차인에게 2024년에 이사하는 것이 더 유리하다는 점을 설득해야 했다. 임차인에게 전세보증금이 오르고 있는 시장 상황을 설명하고, 이사 비용을 제시한 후, 전세 계약 갱신의 장점을 부각시켰다. 그 결과, 임차인은 이사를 결심했고, 매매계약을 성공적으로 체결할 수 있었다.

이처럼 부동산 중개업에는 다양한 사례들이 존재하며, 이를 하나하나 해결해나가려면 무엇보다도 전문 지식이 필요하다. 전문성을 갖추어야 계약 성사율이 높아지고, 고객을 리드할 수 있는 힘이 생긴다. 항상 강조한다. 명확하게 알고 있는 것을 고객에게 전달하는 것과 어설프게 아는 내용을 전달하는 것에는 큰 차이가 있다. 확신을 가지고 이야기할 때, 고객은 그 말에 신뢰를 느끼고 귀를 기울인다. 반면, 어설프게 전달하면 고객은 그 이야기에 신뢰를 갖지 못하고 계약이 어려워진다. 이것을 "말의 힘"이라고 부른다.

고객에게 정보를 명확하게 전달하는 힘은 전문성을 바탕으로 한다. 알고 있는 지식을 확신 있게 전달할 때, 고객은 그 말에 귀를 기울이고 계약 성사로 이어지지만, 어설프게 아는 이야기를 하면 고객은 전혀 신뢰를 느끼지 못한다. 그래서 중개업을 할 때, 단순 중개사와 전문 중개사 중 어떤 자세로 임할 것인지를 깊이 고민해야 한다.

단순 중개사가 아닌, 전문 중개사가 되기를 항상 바랐다. 이 책을 통해 독자들이 전문 중개사로 성장할 수 있는 방법을 배울 수 있을 것이다. 이 책에 있는 이야기를 하나씩 실천해나가다 보면, 3년 이내에 누구도 따라올 수 없는 차별화된 전문 중개사로 성장할 수 있다. 또한, 22년 경력의 베테랑처럼 중개업을 진행하며 높은 계약 성사율을 달성할 수 있을 것이라 자신한다.

02

무에서 유를
창출하는 중개사

부동산 중개업을 하다 보면 사무실이 꽉 막힌 듯 거래가 끊기고 고객이 없는 시기가 찾아오기도 한다. 특히 정부의 규제와 시장 침체로 인해 어려움을 겪을 때가 많다. 예를 들어, 2017년 세종시에서 시행된 8·2 대책은 분양권 거래를 완전히 멈춰버렸고, 아파트 매물조차 거의 나오지 않던 시기였다. 당시 "이제 어떻게 중개업을 이어가야 할까?"라는 고민에 빠졌다.

하지만 그 어려움을 기회로 삼았다. 필자가 있는 단지에서 거래가 막혀 있었지만, 옆 단지의 아파트 입주장에 주목했다. 단순히 가까운 곳에서만 기회를 찾는 것이 아니라, 조금 더 넓게 생각하면 아무것도 없는 시장에서도 새로운 기회를 발견할 수 있다. 이렇게 해서 중개로 수익을 창출할 수 있었다.

지금은 1층에서 부동산 중개업을 운영하고 있지만, 상부층에서도 중개업을 할 수 있도록 블로그와 유튜브를 활용한 마케팅에 더욱 집중하고 있다. 온라인 플랫폼에서 고객이 찾을 수 있게 되면서, 군이 1층에서 고객을 기다릴 필요가 없어졌다. 예약을 통해서도 충분히 많은 중개 업무를 처리할 수 있게 되었다.

2017년과 2018년, 정부 정책으로 인해 부동산 시장이 완전히 막혀버린 때가 있었다. 대출도 어렵고 거래도 끊긴 상황에서 많은 중개사가 문을 닫거나 중개업을 포기했다. 하지만 그 시기에도 바쁘게 움직였다. 상가 중개를 이어가고, 아파트 분양권 거래가 안 되면 다른 시장을 찾아 나섰다. 이렇게 다른 중개사들이 포기한 시장에서 새로운 수익을 창출할 수 있었다.

중개업에서 '무에서 유를 창출'하기 위해서는 생각의 전환이 필요하다. 시장 흐름과 물건의 거래 방식을 잘 파악하고, 새로운 기회를 찾아내는 것이 중요하다. 아파트 거래가 막히면 상가를, 상가 거래가 힘들면 토지를 공략하는 식으로 상황에 맞는 전략을 세워야 한다. 또한, 임대 시장이 활발한 시기라면 발령을 받은 직장인들이 움직일 때를 공략해야 한다. 미리 물건을 확보하고, 고객이 움직일 시기를 예상해 대응해야 한다.

무에서 유를 창출하는 것은 그리 어려운 일이 아니다. 시장 흐름을 잘 파악하고, 계약서 일정을 체크하면서 패턴을 찾으면 된다. 어느 시기에 사람들이 많이 움직이고, 어떤 물건이 거래될 가능성이 큰지 명확하게 이해하고 마케팅을 준비하면, 거래가 없는 상황에서도 충분히 수익을 창출할 수 있다.

지금처럼 가격이 하락하고 거래가 안 되는 시장에서는 많은 부동산 중개사무실들이 폐업하고, 일부 중개사들은 출근조차 하지 않는다. 하지만 그럴 때일수록 미리 준비한 중개사들은 거래를 성사시키고 있다. 최근 한 개업 1년 차 중개사가 필자를 찾아와 "경기가 너무 안 좋아서 중개업이 안 된다"라고 하소연한다. 하지만 필자는 22년 동안 한 번도 경기가 좋다고 생각한 적이 없다. 곰곰이 생각해보면, 과연 부동산 시장에서 완전히 좋았던 때가 있었을까? 부동산 시장은 경기 흐름을 타지만, 특정 상품은 언제나 거래될 수 있다. 중요한 것은 이를 미리 파악하고 준비하는 것이다.

입주 3년 차 아파트 단지 내 상가에서 일하는 공인중개사들이 고객도 없고, 매물도 없어 고민만 하며 다른 중개사들이 무엇을 하는지 돌아다니는 것을 봤다. 하지만 시장 흐름을 미리 알고 준비한다면 그렇게 방황할 필요가 없다. 예를 들어, 7~8월에는 상가 임차인들이 겨울 장사를 준비하고, 9월이 되면 주택 매매가 활발해질 시기다. 이런 흐름을 알고 미리 물건을 확보해놓으면, 고객들이 자연스럽게 내 사무실을 찾게 될 것이다.

5월부터 여름철 상가 임차인을 대비해 물건을 확보하고, 7~8월이 지나면 겨울 장사를 준비하는 고객들을 위한 자료를 준비한다. 또한, 내년 1월에는 회사 이전이나 공장 설립을 계획하는 고객을 위해 토지 매물을 확보하고 있다. 이러한 준비가 바로 '무에서 유를 창출하는 방법'이다.

예측하고 준비하는 공인중개사는 절대 수익을 놓치지 않는다. 무에서 유를 창출하려면, 단지 고객의 발걸음만 기다리지 말고, 시장 흐름을 분석하고 그에 맞춰 물건과 고객을 확보하는 노력이 필요하다.

필자의 중개사무실은 오전 9시부터 저녁 12시까지 바쁘게 돌아간다. 물론 직원들이 고생스럽긴 하지만, 항상 내일을 준비한다. 물건을 확보해 고객을 맞이할 준비를 하고 있다. 고객이 물어보면 언제든지 답할 수 있도록 자료를 준비해두고, 상가 임차인들의 문의가 많아질 9월을 대비해 적합한 매물을 확보해두는 것이다.

부동산 중개업은 우연히 성과를 얻는 일이 아니다. 꾸준한 노력과 준비, 그리고 시장 흐름을 파악하는 능력이 필요한 일이다. 지금도 현장에서 세컨하우스나 토지 분할 등의 중개, 분양 일을 맡고 있다. 이러한 일들도 단순히 운이 좋아서 생긴 것이 아니라, 철저한 준비와 흐름 파악이 있었기에 가능한 결과다.

가격이 하락하는 시장에서 고객이 없다고 판단하는 것은 짧은 생각이다. 가격이 하락할 때는 매물이 많지만, 매수인이 없고, 가격이 오를 때는 매수인이 있지만, 매물이 없다. 이러한 반복되는 흐름을 어떻게 파악할지, 현장을 어떻게 바라볼지를 고민해야 한다. 그리고 그 고민에서 답을 찾아야 한다.

8월 이후 오피스텔과 도시형 생활주택 시장이 움직일 것이고, 9월부터는 아파트 매매가 활발해질 것이다. 또 겨울 장사를 준비하는 상가 임차인들이 저렴한 상가를 찾기 시작할 것이다. 이를 미리 대비해 30~40평대 적합한 매물을 준비해 두고 있다. 토지 시장 역시 곧 회복세를 보일 것이기에, 3억 원 내외의 적합한 매물을 찾아보고 있다.

이처럼 철저하게 준비하는 중개사는 결코 수익을 놓치지 않는다. 다음 달이나 다음 분기를 대비해 어떠한 준비를 할 것인지 고민하고, 그 계획을 실행에 옮기는 것이 중요하다. 그러면 언제나 바쁘고 활기찬 일상을 보낼 수 있을 것이다.

지금 눈앞의 이득을 선택할까?
장기적인 안목으로 오래 지속할까?

부동산 중개업을 22년간 해오면서, 많은 공인중개사를 만나봤다. 각자 다양한 방식으로 중개업을 잘 해내고 있는 분들이 많다. 하지만 가끔 초보 공인중개사들로부터 이런 질문을 받는다. "다른 중개사를 통해 본 물건을, 그 중개사를 배제하고 다른 사람을 통해 계약해도 될까요?"라는 질문이다. 이런 질문을 받을 때마다 필자는 늘 같은 답을 한다. "그건 잘못된 일입니다."

눈앞의 이익만을 생각하지 말고, 그 중개사무실과의 관계를 잘 고민해보라고 조언한다. 지금 당장 이득이 중요한지, 아니면 장기적으로 협업을 통해 함께 일하는 것이 더 중요한지 깊이 생각해보라는 것이다.

항상 교육을 중요하게 생각한다. 부동산 교육을 받으러 가면 자주 마주치는 공인중개사들이 있다. 그분들은 지금도 현장에서 열심히 일하고 계신 분들이다. 가끔 그분들에게 이런 질문을 받는다. "사무실이 바뻘 텐데, 어떻게 시간을 내서 교육을 들으러 오셨나요?" 그럴 때 간단히 대답한다. "배우려고 왔어요."

물론 사무실을 비우면 당일의 매출에 영향을 미칠 수도 있다. 하지만 교육을 통해 배운 것을 현장에서 적용하면, 그로 인한 매출 증가가 그날 놓친 수익을 훨씬 능가할 거라는 확신이 있다. 그래서 필요한 교육이라면 언제든 주저하지 않고 참석한다. 서울에서든 지방에서든, 교육이 필요하다면 망설이지 않는다.

그렇지만 많은 공인중개사는 사무실을 비우는 것에 대한 부담 때문에 교육받으러 가는 것을 망설인다. 내 지역이 아닌 다른 곳까지 가서 교육을 받는 에너지를 아끼려는 것 같아 안타깝다. 분명히 이야기하지만, 단기적인 매출을 위해 당장 고객 한 명을 놓칠 수는 있겠지만, 교육을 통해 얻는 장기적인 이익은 그보다 훨씬 크다는 사실을 알아야 한다.

역시 교육을 받을 때마다 필자 중개 방식과 업무 지식에 큰 변화가 생긴다. 그래서 배울 기회가 생기면 놓치지 않으려고 노력한다. 혹시 놓치고 있는 부분이 있다고 생각되면, 같은 교육을 다시 듣기도 한다. 그 내용이 필자에게 완벽히 체득될 때까지 반복해서 배우는 스타일이다.

필자는 사실 컴퓨터에 익숙하지 않은 사람이다. 처음에는 유튜브나 블로그를 활용하는 것도 어려웠지만, 필요하다는 확신이 들면 밤을 새워서라도 배우고, 끝내 성과를 만들어낸다. 지금은 많은 사람이 컴퓨터에 능숙한 사람으로 알고 있지만, 여전히 모르는 부분이 생기면 도움을 요청한다. 모르는 것을 부끄러워하지 않고, 질문하는 것을 주저하지 않는다.

많은 사람이 지금 당장의 이득을 포기하고 교육받는 것이 어렵다고 생각할 수 있다. 사무실을 비우는 동안 고객을 놓칠 수도 있고, 매출이 줄어들 수도 있으니까 말이다. 하지만 그것을 극복하기 위해 노력한다. 교육받는 동안 사무실을 비우게 되면, 동료 중개사에게 고객을 부탁하기도 하고, 그들이 고객을 잘 응대해줄 수 있도록 신뢰할 수 있는 사람들에게 맡긴다.

이때 중요한 점은, 부탁하는 공인중개사가 어느 정도의 전문 지식과 경험을 가지고 있는지 확인하는 것이다. 고객이 만족할 수 있도록 확신을 가지고 응대할 수 있는 중개사에게만 맡긴다. 그렇지 않으면, 당장의 이득을 놓치기보다 더 큰 손실을 볼 수 있기 때문이다.

항상 장기적인 안목으로 일하려고 한다. 당장의 이득을 놓치더라도, 교육을 통해 얻는 지식과 기술이 중개업에 큰 도움을 줄 것이라는 믿음이 있다. 그 결과, 시간이 지날수록 더 많은 매출을 창출하고, 더 많은 고객을 만족시킬 수 있다.

지금도 사무실에 출근하는 것이 즐겁다. 함께 열심히 일하는 동료들이 있고, 기다리는 고객들이 있으며, 해결해야 할 일들이 많이 쌓여 있지만, 그 모든 것이 즐거운 일이다. 때로는 고객을 다른 공인중개사에게 맡기고, 더 중요한 일을 처리할 때도 있지만, 그것이 장기적으로 더 큰 도움이 될 것을 알고 있기 때문에 과감하게 선택한다.

결론적으로, 지금 눈앞의 이득만을 좇지 말고, 장기적인 안목으로 미래를 준비하는 것이 중요하다. 단기적인 성과에 집착하지 않고, 지속

가능한 성장을 위한 투자를 해야 한다. 공인중개사뿐만 아니라, 다른 분야에서도 마찬가지다. 과감한 결단이 필요할 때도 있다. 지금의 이익을 조금 포기하더라도, 더 큰 성과를 위해 노력하는 자세가 필요하다.

스스로 중개사의
그릇을 키우자

　부동산 중개업을 하면서 초보 공인중개사들과 대화를 나누다 보면 종종 질문을 받는다. "부동산 중개업을 잘하려면 어떻게 해야 하나요?" 이럴 때 항상 이렇게 대답한다. "잘하면 됩니다." 사실 이 답변은 너무 단순해보일 수 있지만, 중요한 것은 질문의 방식이다. 질문을 구체적으로, "지금 이 단계에서 무엇이 막혔고, 어떻게 해야 할지 모르겠다"라는 식으로 하면 자신의 상황을 명확하게 파악할 수 있고, 그 답을 찾는 과정에서 스스로 그릇이 커지게 된다.

　필자 역시 여전히 배우고 있다. 존경하는 대표님과 가끔 퇴근길에 통화하곤 한다. 밤 10시, 11시에 전화를 해도 늘 반갑게 받아주시는 그분과 나누는 첫 대화는 "퇴근하셨어요?"다. 그 질문 하나로, 그날 얼마나 치열하게 일했는지, 얼마나 힘들었고 또 얼마나 보람 있었는지를 서로 공감하게 된다. 그 대표님으로부터 많은 것을 배웠고, 그 덕분에 계속해서 중개사의 그릇을 키워야 한다는 것을 깨달았다.

중개업은 때로는 매우 힘든 직업이다. 고객과 임대인, 임차인 사이에서 원하는 것을 조율하며 적정선을 찾아내야 하고, 그 과정에서 많은 스트레스를 받게 된다. 그러다 보면 "내가 이 일을 계속해야 하나?"라는 고민에 빠지기도 한다. 그런 고민을 하던 중, 그 대표님에게서 들었던 한마디가 큰 충격을 주었다. "힘들다는 건 내가 더 크게 성장하고 있다는 증거다." 이 말을 듣고 나서야 그릇이 더 커져야 한다는 것을 깨달았다.

한 가지 사례를 이야기하겠다. 어느 날, 한 고객이 토지를 매수하기 위해 사무실을 방문했다. 그날 필자는 너무 바빴고, 몇 가지 물건만 간단히 설명한 후 고객이 별로 살 마음이 없을 거라 판단해 넘어갔다. 그런데 얼마 후, 그 고객이 다시 사무실을 찾아와 자신이 다른 곳에서 토지를 매수했음을 알리며, "제가 잘 샀나요?"라고 물었다. 그 상황에서 화가 났을 것 같지만, 그 대표님의 대답은 달랐다. "잘하셨습니다. 제가 고객님께 맞는 물건을 찾지 못한 제 잘못이지, 고객님은 잘못한 게 전혀 없습니다." 이 말은 큰 깨달음을 주었고, 그릇이 얼마나 작은지를 깨달았다.

중개업에서 그릇을 키우는 것은 고객이 원하는 매물을 맞추지 못했다 해서 고객을 원망하고 그 고객과 다른 중개사가 계약했다고 해서 그 중개사를 비난하는 것이 아니다. 오늘의 경쟁자가 내일의 협력자가 될 수 있고, 오늘의 협력자가 내일의 경쟁자가 될 수도 있는 것이 이 시장이다.

초보 공인중개사들에게 항상 이렇게 이야기한다. "계약했다고 자랑하지 말라." 계약금이 입금되고, 계약서가 작성되고, 잔금까지 치러졌다고 하더라도 조용히 처리하라는 것이다. 중개업에서 중요한 것은 자랑이 아닌, 고객과의 신뢰와 관계다. 모든 매물이 손에 들어올 수는 없고, 모든 고객이 고객이 될 수는 없다는 사실을 받아들여야 한다.

한 번은 한 고객이 다른 중개사무실에서 매수했다며 필자에게 전화했다. 그때 필자는 "잘하셨습니다. 좋은 매물을 잘 선택하셨네요"라고 대답했다. 그 고객에게 안심시켜주고, 이미지를 긍정적으로 만드는 것이 중요했다.

중개업을 하다 보면, 종종 계약이 성사되지 않거나 고객을 놓치게 된다. 그때마다 다른 중개사를 원망하거나 험담하는 대신, "왜 내가 그 매물을 받지 못했을까?" 또는 "왜 고객이 필자를 선택하지 않았을까?"라고 반성해야 한다. 이러한 과정을 통해 스스로 그릇을 키우고, 더 큰 성장을 이룰 수 있다.

고객과 소통하고, 고객을 리드하며 그들의 신뢰를 얻기 위해 노력해왔던 것이 결국 그릇을 키우는 데 큰 역할을 했다. 이에 따라 많은 고객이 신뢰하고, 다시 찾아오는 경우가 많아졌다.

이제 스스로 질문해보자. "나는 중개사로서 얼마나 큰 그릇을 가지고 있는가?" "고객이 나를 떠나 다른 중개사를 선택했을 때, 나는 어떤 반응을 보였는가?" "내 사무실에는 왜 그 매물이 접수되지 않았을까?" 이런 질문을 통해 돌아보고, 반성할 때 우리의 그릇은 더 커질 것이다. 그리고 그 커진 그릇으로 인해 비록 당장 수익이 적더라도, 더 많은 수익을 창출할 기회를 얻게 될 것이다.

가망 고객 1%를
도장 찍게 하는 방법

 고객과 상담하다 보면 많은 공인중개사가 큰 실수를 저지른다. 바로 고객을 스스로 판단해 버리는 것이다. '이 고객은 내 기준에 맞지 않으니 집을 살 가능성이 없다'라거나 '이 자금으로는 집을 살 수 없다'라고 단정 지어버리는 것이다. 이런 방식으로 진행하다 보면, 실제로 집을 살 수 있는 고객도 놓치게 되고, 집을 사려는 의사가 없는 고객만을 상대하게 된다.

 예를 들어, 어떤 공인중개사는 1년 6개월 동안 지속적으로 소통하고 집을 보여주어 계약을 성사시켰다는 이야기가 있다. 처음에는 집을 구매할 의사가 없었던 고객이 호기심으로 방문했지만, 결국 계약에 이르게 된 것이다. 이러한 사례를 통해 1% 가망 고객을 계약으로 이끌어내는 노하우를 배울 수 있다.

 사무실의 초보 공인중개사 부장이 단독주택을 매수하고자 하는 고객이 이사 일정을 2년 후로 계획하고 있다는 이야기를 들었다. 초보 공인 중개사 부장이 "이 고객은 2년 이상 걸릴 것 같으니 집을 보여줄 필요가 있을까요?"라고 질문했다. 현재까지 부동산 중개업을 했던 많은 공인중개사는 이러한 고객을 포기하고 싶어 할 것이다. 그러나 다음과 같이 이야기를 했다.

"지금 업무가 많아서 이 고객을 응대할 시간이 부족한가요? 그렇지 않다면, 집을 보여주고 고객과 직접 부딪히면서 다양한 집들을 자꾸 보여주어야 합니다. 이렇게 하면 자신이 분야의 전문가로 성장할 수 있습니다. 이 고객을 통해 세종시의 단독주택 매물들을 모두 보고, 매물의 특징을 파악하며 공부하는 차원으로 열심히 집을 보여주세요."

계속해서 집을 보여주다 보면 고객의 마음이 흔들리게 된다. 이사 계획이 없던 고객도 마음의 변화가 생기면서 이사를 하고 싶어지기 마련이다. 고객의 필요에 맞는 매물을 소개해주면, 고객은 계약할 수밖에 없다.

현재 새로운 고객이 많아 오래 걸리는 고객을 끌고 가기 어려운 상황이다. 그러나 만약 시간 여유가 많은 부동산 중개사무실에 있다면, 새로운 매물이 나올 때마다 연락해 보여주고 계속해서 소통을 반복하다 보면, 고객은 결국 계약할 수밖에 없다. 이렇게 계약을 성사시키면, 그 소문이 부동산과 고객들 사이에 퍼져 매물도 확보하고, 매수인 소개도 받을 수 있다.

매도인에게는 매도 의사가 없는 고객에게 계속해서 거래된 실거래가격과 매매된 매물들을 주기적으로 안내해주고, 거래된 사례를 계속 소통하면서 매물을 확보하고 거래를 성사시키는 상황을 만들어야 한다. 전화나 문자를 통해 '팔라'라는 이야기는 하지 않으며, 거래된 호실과 거래금액만을 정리해 안내하는 것이 중요하다. 매도하라는 요청은 일절 하지 말아야 한다.

매수인에게는 새로운 매물이 나오면 보러 오라고 하면서 매물 설명과 현장 안내를 열심히 하지만, 빠르게 구매하라는 압박을 주지 않아야 한다. 이렇게 하면 고객이 자주 방문하게 되고, 신뢰가 생겨 계약으로 이어질 가능성이 높아진다.

이러한 접근 방식을 통해 하나하나 쌓아가며 계약을 성사시킬 수 있다. 사무실을 열어두고 고객을 기다리기만 하면 계약이 이루어질 수 없으며, 성과를 만들기 어렵다. 결국 부동산 중개업을 접게 될 수도 있다. 따라서 구경이나 해보자는 고객도 가망 고객으로 보고, 그들에게 꾸준히 관심을 기울여야 한다.

고객이 현재 살고 있는 입지나 집의 상태보다 더 좋은 집을 보면 이사하고 싶은 마음이 생기기 마련이다. 이렇게 고객의 의사가 1%일지라도, 소통과 꾸준한 노력으로 계약으로 이끌어내는 방법을 계속해서 발전시켜야 한다. 최근에는 다른 중개사무실에서 특정 물건을 보고 나서 사무실에 다시 방문한 고객이 결국 계약했다. 해당 물건이 아닌 더 좋은 조건의 다른 물건으로 계약을 성사시킨 사례를 통해, 고객의 자금 규모와 상황을 파악해 적절한 제안을 통해 계약을 성사시킬 수 있다. 따라서 고객을 단번에 판단하기보다는, 계속해서 소통하고 그들의 의사를 존중하는 것이 중개를 잘하는 방법이라 할 수 있다.

1년 경력을 10년 경력으로
만들어주는 노하우

자기계발과
전문성 강화하기

부동산 중개업에서 자기계발과 전문성 강화는 매우 중요하다는 이야기를 하고 싶다. 중개업도 자영업의 일종이기 때문에, 성공적으로 잘해나가기 위해서는 자기계발이 필수적이라는 결과를 도출하게 되었다. 일부는 중개업에서 자기계발이 어떤 의미가 있을지 의문을 제기할 수도 있지만, 분명히 말할 수 있다. 자기계발이 잘된 공인중개사는 무조건 중개업에서 성공할 수밖에 없다.

자기계발이란 무엇인가에 대한 개념은 사람마다 다를 수 있다. 자기계발을 독서와 시간 관리, 그리고 전문성을 키우기 위한 공부를 포함한 과정으로 본다. 자기계발이 잘된 사람들은 종종 자기계발서를 저술하기도 한다. 책 또한 중개업의 기법보다는 자기계발과 관련된 이야기들이 더 많이 실려 있다.

부동산 중개업에서 자기계발이 중요한 이유를 부동산 업계의 자기계발서인 이 책에서 꼭 언급하고 싶다. 개인적으로 자기계발을 매우 중요하게 생각하며, 특히 독서와 시간 관리 분야에 많은 노력을 기울였다. 이러한 자기계발 덕분에 필자는 중개업을 더욱 재미있고 열정적으로 할 수 있었다.

시간 날 때마다 강의를 듣고, 업무 분야를 확장하기 위해 지속적으로 노력한 결과, 10년 동안 자기계발을 통해 성장할 수 있었다. 그 결과, 자기계발로 성공한 공인중개사가 되었다. 최근에는 네일아트를 찾는 고객이 사무실에 내방했다. 30대의 예쁘고 성격도 활달한 고객이었으며, 두 곳의 입지를 안내했더니 두 곳 모두 마음에 들어 하며 고민하고 있었다.

대화하다 보니, 자기계발서에서 읽었던 멘트가 떠올랐다. "장사꾼이 될 것인가, 사업가가 될 것인가?"라는 질문을 통해 고객의 마음가짐을 확인하게 되었다. 만약 고객이 장사꾼이 되겠다고 생각한다면, A 입지를 선택할 것이고, 사업가로서 사업을 특색 있게 발전시키겠다면 B 입지를 선택해야 한다고 설명했다.

결국, 고객은 장사꾼의 마인드로 상가의 입지를 선택했지만, 사업가의 마인드로 더 나은 입지를 추천했다. A 입지보다 B 입지가 사업가로서 더 성공할 가능성이 크다고 판단했기 때문이다. 결과적으로, 고객은 조언을 받아들여 B 입지에서 계약을 하게 되었고, 그로 인해 고객은 감사의 인사를 전하며 사무실을 떠났다.

만약 자기계발서를 읽지 않고 자기계발이 제대로 이루어지지 않았다면, 고객이 더 나은 입지에서 사업가로 성장할 기회를 놓쳤을 수도 있었을 것이다. 자기계발을 통해 더 나은 결정을 내리고, 고객의 가능성을 극대화하는 데 도움을 줄 수 있었다.

따라서, 자기계발이 잘 되어 있는 사람은 상황에 맞는 고민의 해답을 찾을 수 있으며, 경험과 노하우에 더해 자기계발이 중요한 역할을 한다. 자기계발이 잘된 사람은 매출을 증대시키는 데도 더 많은 힘을 발휘할 수 있다. 부동산 중개업에서 성공하고 오래 지속하기 위해서는 자기계발이 필수적이다. 시스템 구축과 전문성 강화를 통해 하루에 5건의 계약을 성사시킬 수 있는 상황이 가능해진다.

주변에는 아침 일찍 일어나 미라클 모닝을 실천하고, 새벽 시간에 독서와 운동을 하며 가족과 함께 행복한 삶을 추구하는 사람들이 많다. 이들과 소통하고 협력하면서 긍정적인 마인드가 자연스럽게 생기고, 큰 꿈을 꾸며 더 큰 성공을 추구할 수 있게 된다. 자기계발은 끈기와 꾸준함, 성취감을 배우는 중요한 분야라고 생각한다.
따라서, 공인중개사로서 성공하려는 사람은 자기계발을 잘해야 하며, 자기계발을 기본으로 할 수 있는 사람만이 성공할 수 있다고 본다.

02

성공적인 시간 관리를 위한 바인더 쓰기

필자는 2016년부터 3P 바인더를 쓰고 있다. 독서와 같이 시간 관리를 하기 위해 바인더를 쓰기 시작했는데, 혼자 쓰는 것이 어렵고 힘들어 같이 함께 바인더를 쓰기 시작했다.

바인더도 처음에는 그날 할 일을 관리하고 마무리하고 매일 하고자하는 목표를 적고 하면서 시간의 소중함과 업무의 몰입도 집중도를 높이기 위해 최선을 다한다. 이 또한 혼자는 어렵고 힘들어서 매일 12시이전에 바인더를 체크해 올리는 것을 하는 팀을 운영하고 있다. 벌금제를 활용해 계속된 교육과 강의를 통해 효율적으로 바인더를 쓰고 바인더를 관리하는 방법을 같이 논의하고 토론한다.

중개사무실을 운영하면서 다른 중개사무실을 방문하는 것은 최대한자제하고 있다. 방문이 다른 중개사무실에 피해를 줄 수도 있지만, 무엇보다도 시간을 절약하려는 의지가 더 크다. 오전 9시에 출근해 거의

11시에서 12시까지 업무를 하더라도 일을 끝내지 못하는 상황이 발생할 때가 있다. 출근하자마자 광고를 확인하고, 공인중개사는 매일 똑같은 루틴으로 꾸준하게 해야 하는 업무가 있다. 이러한 루틴을 지키지 않으면 성공하기 어렵다. 매일 꾸준한 루틴을 설정하거나, 자신만의 루틴을 정해 놓아야 한다. 이러한 루틴 설정은 나의 상황과 시간에 맞게 조정해야 한다. 기본적으로 부동산 중개업을 시작하려면 매일 꾸준한 루틴을 지키는 것이 성공의 열쇠다.

다른 사람들보다 더 열심히 시간을 만들어서 일에 임해야 한다고 생각한다. 남들과 똑같이 출근하고 퇴근하며, 남들이 하는 만큼만 하는 것으로는 성공할 수 없다. 다른 사람들보다 일찍 출근하고 늦게 퇴근하며, 더 많은 노력을 기울이는 것이 시간 관리라고 생각한다.

주변의 중개업 경력이 3년에서 5년인 사람들의 루틴은 새벽 5시에 일어나 독서와 운동을 하고, 오전 9시 전후로 출근해 업무를 시작하는 경우가 많다. 그러나 이러한 루틴을 3년 동안 변함없이 지키는 사람이 있는가 하면, 몇 달 만에 그만두는 사람도 많다. 매일 지키는 루틴은 모든 일의 성공의 비결이라고 생각한다.

일요일을 제외하고 매일 블로그를 작성하고, 매주에 3~4개의 유튜브 영상을 업로드한다. 이러한 루틴과 업무를 최대한 지키려고 노력한다. 만약 이런 일정을 지키지 않았다면, 퇴근하지 않았다. 이러한 루틴이 중개업에 도움이 되지 않을 수도 있지만, 내가 해야 할 일을 지키고, 직원들이 해야 할 일과 내 일을 분리해 수행하고 있다. 직원들에게 전화를 많이 받게 하기 위해 같은 루틴을 유지한다.

10년 동안 이 루틴을 유지해왔고, 유튜브와 블로그를 꾸준히 하면서 고객의 전화와 상담을 진행한다. 고객의 질문에 답하고, 그들의 상황에 맞는 매물로 유도할 수 있도록 안내하는 것이 업무 패턴이다. 이런 패턴을 유지하기 위해 해야 하는 일이다.

부동산 중개업에서 공인중개사 대부분은 아침에 출근해 커피를 마시거나, 아는 중개사와 수다를 떨며 시간을 보내고, 점심시간에는 식사 후 고객이 들어오면 매물을 찾기 위해 헤매는 경우가 많다. 고객이 없으면 경기 탓을 하거나 푸념하는 경우가 많다. 그러나 경기 탓을 해본 적이 없다. 경기는 시장의 흐름과 나라의 상황에 따라 달라지며, 그에 맞춰 행동하면 된다. 할 수 있는 일을 묵묵히 열심히 하며, 걱정하거나 푸념하는 대신 일을 해야 한다고 생각한다. 경기가 좋다고 해서 부동산 중개업이 잘되는 것도 아니며, 경기가 나쁘다고 해서 중개업이 안 되는 것도 아니다. 하락장이든 상승장이든 계약과 거래는 일어나고 있다.

부동산 중개업이 경기의 영향을 받을 수 있지만, 경기가 안 좋아도 누군가는 계약한다. 아파트가 잘 돌아가지 않으면 상가 광고에 집중하고, 상가가 잘 안 돌아가면 토지에 집중하면서 시장과 경기의 흐름을 읽고 그에 맞추어 업무를 하고 일정을 만든다. 토지 시장이 좋지 않으면 다른 부동산 상품에 대해 연구하고 고민했다. 3년 동안 부동산 경기가 좋지 않았던 상황에서도 사무실 수익을 창출할 수밖에 없었다.

고객들에게 유익한 정보를 제공하고, 미분양 아파트와 같은 특정 상품에 대한 연구를 통해 투자 방안을 제시했다. 이러한 노력 덕분에 고객들은 계약을 통해 수수료를 지급받게 되었고, 수익을 창출할 수 있었다.

　따라서 시간 관리와 루틴 설정은 필자의 매출에 막대한 영향을 미친다. 루틴과 시간 관리 계획을 세우고, 꾸준히 지키는 것이 중요하다. 물론 적절한 휴식도 필요하지만, 루틴과 계획을 지키며 노력하는 것이 성공에 이르는 길이라고 생각한다. 책을 끝까지 읽어 보면, 루틴과 시간 관리에 대해 더 많은 통찰을 얻을 수 있을 것이다.

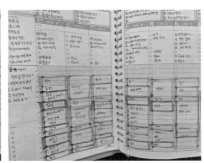

이영옥(다정올림픽 공인중개사사무소)

남편은 30회 공인중개사 시험을 공부하고, 2020년 2월 중개사무실을 오픈했다. 어느 중개사의 무시가 서러워 필자도 32회 공인중개사 시험에 도전해 합격하게 되었다. 아무것도 모르고 시작한 중개사무실 개업으로 막막할 때 네오비를 알게 되었고, 강의하러 왔던 정진숙 대표님을 만났다. '독서지향'을 계기로 여러 사람을 알게 되었고, 자격증만 있으면 되는 줄 알았던 초보 공인중개사에게 많은 도움을 주었다. '독서지향'에서 《바인더의 힘》이라는 책을 읽고 바인더로 시간 관리는 하고 싶었지만, 막막해 초보 공인중개사 세 명이 정 대표를 찾아가서 바인더를 가르쳐달라고 부탁했다.

그렇게 시작된 바인더 스터디는 현재도 진행 중이다. 13명이 팀을 이루어 시간 관리를 기본으로 중개에 많은 도움이 되고 있다. 바인더 등 다양한 스터디로 공인중개사들에게 선한 영향력으로 끌어주는 정진숙 대표에게 감사하다. 처음에는 바인더를 혼자 쓰는 것은 쉬운 일은 아니지만, 바인더를 쓰면서 시간 관리가 되고 미라클 모닝을 하게 되면서 시간을 관리하면서 하루를 더 쉽게 지낼 수 있는 상황이 되었다.

공인중개사는 일하느라 시간을 없다고 하지만, 바인더를 꼼꼼히 쓰고 시간을 체크하다보면서 공부하고 노력해야 전문가가 될 수 있는 시간을 만들 수 있다. 그런데 이렇게 바인더 작성하고 쓰면서 부동산 중개업을 하면 고객과의 약속도 잊어버리거나 고객과의 약속을 잘 파악하고 체크해서 업무를 잘 파악하는 데 많은 도움을 받았다.

함께 해야 신입생들의 열정을 배운다고 혼자 하면 하다 말다 하게 될 수 있다. '혼자 하면 빨리 가지만, 함께하면 멀리 간다'를 실천하며 보여주고 있는 우리 바인더를 같이 쓰고 있는 대표님들에게 항상 감사하고 존경한다.

바인더 쓰는 것을 못 쓸 때도 있다. 못 쓴 날은 그냥 못 쓴 날이고 다시 쓰면 되는 스트레스를 받지 않고 같이 협업해서 하므로 모든 일이 무난히 잘 되는 것을 많은 경험을 했다. 그래서 다시 이런 기회가 있어도 또다시 바인더를 쓸 것이다.

고객과 원활하게
소통하는 방법

고객과의 소통을 따로 배우거나 해본 적은 없다. 그러나 고객과의 소통에서는 무조건 가격을 깎아달라고 하거나 무조건 사라고 강요하지 않는다. 이유를 명확히 설명해야만 고객과 원활하게 소통하고 협상할 수 있다고 생각한다.

매매금액이 너무 높게 설정된 아파트의 경우, 매수인과 매도인 모두가 원하는 금액에 대해 협의하고 설득하는 데 능숙하다는 평가를 받는다. 중요한 것은 기분 나쁘지 않게 가격에 대해 논의해야 하고, 매수인이 왜 그 가격에 사야 하는지를 명확히 이해시켜야 한다는 것이다. 이렇게 명확한 이유를 제시함으로써 고객과의 소통이 잘 이루어진다고 생각한다.

소통을 잘하려면 매도인이 팔아야 하는 이유와 매수인이 사야 하는 이유를 명확히 이해해야 한다. 매도인은 자신의 집이 좋은 집이기 때문에 낮은 가격에 팔기를 꺼리고, 매수인은 예산 내에서 집을 사고자 하기 때문에 가격이 초과하는 경우가 많다. 이러한 상황을 이해하고 소통하는 것이 계약 확률을 높일 수 있다고 본다.

가끔 직원들에게 "이 금액이면 매수인이 사겠다는데, 매도인를 설득해주세요"라는 질문을 받는다. 이럴 때는 매도인의 입장을 고려해 협상이 가능한 금액을 제시할 이유를 명확하게 설명하고, 매수인에게는 이 가격이 합리적이라는 점을 강조한다. 고객의 상황을 잘 이해하고 공감하는 것이 중요하다.

고객이 자신의 집이 얼마에 팔릴 수 있는지, 그리고 주변 시세를 잘 알고 있는 경우가 많다. 따라서 무리한 요구가 아니라는 점을 이해시키면서도 기분이 상하지 않도록 하는 것이 소통의 기술이라고 생각한다. 소통은 잘된 커뮤니케이션을 의미하며, 이는 다양한 분야에서 각각의 소통 방법과 스킬이 다를 수 있지만, 공감이라는 진리는 변하지 않는다.

고객의 현황을 정확하게 파악하고, 그에 맞는 논리적인 설명을 통해 상황을 이해시켜야 한다. 그래야 고객이 납득하고 응할 수 있다. 간혹 소통 방식이 통하지 않을 때도 있다. 그런 경우, 단순히 포기하기보다는 상황을 분석하고 다른 접근 방법을 고민해야 한다.

예를 들어, 임차인의 동의를 받아야 하는 경우나 매도인이 왜 가격을 내리려 하지 않는지에 대한 질문을 받을 때, 상황을 충분히 이해하고 분석해 적절한 조언을 제공하는 것이 중요하다. 이러한 과정에서 말하는 기술과 스킬도 중요하며, 이를 잘 익히는 것이 고객과 원활한 소통을 돕는다.

필자는 고객과 소통을 잘하기 위해 항상 노력하고 있으며, 고객의 기대에 부응할 수 있는 공인중개사가 되기 위해 계속해서 공부하고 있다.

위기 대응 및
리스크 관리하기

부동산 중개업을 하다 보면 여러 가지 위기가 발생할 수 있다. 이러한 위기는 항상 사전에 체크를 많이 해도 놓치는 부분이 있기 때문에 생기는 경우가 많다.

부동산 중개업을 하면서 공인중개사들을 두 가지로 구분한다. 첫 번째는 '고수'로, 고객에게 A부터 Z까지 모든 정보를 일관되게 제공하는 중개사다. 두 번째는 '하수'로, 고객의 질문에만 부분적으로 답변하는 중개사다. 또한, 고수는 해결해야 할 문제를 고객을 설득해 해결하고, 공동중개 시 통보하는 중개사로 간주된다. 반면, 초보 공인중개사들은 종종 고객의 답변을 단순히 캡처해서 보내고, 성의 있는 설득이나 노력을 기울이지 않는 경우가 많다. 이런 식으로 공동중개를 하면 서로 쉽지 않다.

위기는 항상 계약을 체결하고 잔금을 치르며 마무리하는 시점에서 발생한다. 이를 잘 처리하는 중개사는 성공할 것이고, 어설프게 처리하는 중개사는 어려움을 겪을 것이다.

3년 전부터 관리하고 상담해주던 매수인이 있었다. 매수인이 원하는 매물을 찾아 매도인과 매수인이 계약을 진행했다. 매수인은 1주택을 보유하고 있고 새로 취득하면 2주택이라고 설명했다. 취득세는 기본 세율을 적용할 것으로 생각했으나, 잔금일에 법무사 사무장이 분양권에 대해 질문했다. 질문과 동시에 매수인은 매도인에게 잔금을 입금해버렸고, 매수인이 그때야 평택에 분양권이 있다는 이야기를 했다. 이로 인해 매수인은 3주택으로 간주되어 8%의 취득세를 부담해야 하는 상황이 발생했다. 취득세가 8%라면, 10억 원의 거래에서 8,800만 원이라는 큰 금액이 발생하는데, 이는 매수인이 감당할 수 없는 금액이었다.

이런 상황에서 매수인은 매도인에게 잔금을 반환받고, 분양권을 처분한 후 다시 잔금을 치르겠다고 요청했다. 그러나 매도인은 잔금이 모두 입금된 상태에서 변경을 허용하지 않았다. 그래서 분양권을 오늘 내로 넘기면 취득세를 2주택으로 인정받을 수 있는지 시청에 문의했다. 시청에서는 신고필증을 발급하면 가능하다고 했다.

매수인의 따님이 주택이 하나 있었기에 무주택일 필요가 없었다. 그래서 분양권을 따님에게 넘기기로 제안했고, 따님의 계좌에서 3,500만 원을 일시불로 지급한 후, 분양권 매매계약서를 작성하고 신고필증을 발급받았다. 이렇게 해서 2주택으로 인정받아 기본세율로 취득세를 납부할 수 있었다. 이 모든 과정을 처리하는 데 3시간이 걸렸다.

이 사건을 통해, 위기를 어떻게 대처하고 해결하느냐에 따라 중개사의 능력이 드러난다고 생각한다. 이와 같은 위기를 잘 해결할 수 있는 사람을 고수라고 부른다. 이 상황을 지켜본 매수인은 처음에는 화가 났지만, 후에는 오래된 경험과 노련함이 중요하다는 것을 깨달았다고 한다. 초보 공인중개사는 이런 상황을 해결할 수 없을 것으로 판단했고, 우리는 수수료를 한 푼도 깎이지 않고 모두 받아냈다.

위기에 대응하는 방법은 각 사건과 상황에 따라 다를 수 있다. 경험과 실력을 바탕으로 해결 방법을 제시하는 것이 중요하다. 간혹 사무실 직원들로부터 '천재'라는 말을 듣기도 하지만, 이는 많은 공부와 노력의 결과라고 생각한다. 이 책을 읽는 분들도 위기에 대응하는 방법을 배우고, 열심히 공부하고 노력해야 한다.

나를 돌아보는
중개 일기 쓰기

부동산 중개업을 하면서 성장할 때고 발전하는 방법이 여러 가지가 있지만 그 중 한 가지는 나를 돌아보는 중개 일기가 있다. 다음에 책을 펴낼 때는 중개 일기를 '백문백문'으로 정리해서 출간하고 싶다. 여러분도 우선 하루를 돌아보는 중개 일기를 매일 꼬박꼬박 쓰기를 바란다. 불법적인 요소가 가미된 일들이 있기에 조심스러워 오픈을 못 하는 일기들이 많아 고민스럽긴 하지만, 중개 노하우만을 담아 오픈하는 것을 계획하고 있다.

예전에 TV 드라마 프로그램 〈낭만 닥터 김사부〉를 본 적이 있다. 정말로 열심히 반복해서 많이 봤다. 남편이 꿈이 의사였냐고 물을 정도였다. 거기에서 '모난 돌 프로젝트'라는 이야기를 들은 적이 있는가? '모난 돌 프로젝트'는 드라마 주인공 김사부가 돌담병원을 운영하면서 거기에서 일어났던 각종 병원 환자들의 사례 치료 방법 그러한 것들을 다기록해서 하나하나 정리해놓은 기록이었다.

과별로 사례별로 정리를 해놓아 사례와 케이스를 알 수 없을 때는 김 사부가 거기에 있는 자료들을 찾아서 병을 고치는 힌트를 얻게 되는 모난 돌 프로젝트라는 프로그램을 보고 많은 후회를 했다.

22년간 부동산 계약서를 수만 건을 작성했을 것이고, 그 사례 하나 하나를 잘 정리를 해놓았다면 부동산 중개업 하는 사람한테 많은 도움이 되었을 것이다. 그 하나하나를 못 했던 게 아쉬워 생각날 때마다 정리하기 시작해서 돌아보게 되었다.

그러면서 중개 일기를 쓰고 싶어 이 고객과 계약을 못 한 이후 이 고객과 계약을 할 수 있었던 포인트적인 멘트, 이러한 것들로 계약을 늦추고 성사시키고 잔금을 치르며 사고가 있었고, 이러한 것들이 정리되면서 더 성장을 했고 발전할 수 있는 공인중개사가 되었다. 그래서 지금 시작하든 이 도서를 읽은 공인중개사분이라 하면 중개 일기 작성하는 것을 추천한다. 그 중개 일기로 성장시키고 다시는 실수하지 않고 돌아볼 수 있는 상황을 만들면 좋을 것 같다. 중개 일기는 앞서 언급했듯이 다음에 사례별로 '백문백답'으로 준비해 조심스럽게 오픈할 계획을 세우고 있다.

22년 동안 수만 건의 계약을 하면서 많은 사례가 있었는데도 불구하고, 많은 사고 없이 중개를 무사히 했음을 감사하며 중개 일기를 오픈해보겠다. 이처럼 다음에 책을 읽는 공인중개사 대표님들도 같은 시점이 됐을 때 펼쳐볼 수 있는 일기가 있으면 좋을 것이다. 이것으로 부동산 중개업이 점점 더 발전될 수 있는 밑바탕이 되기를 희망하면서 우리 모두 같이 중개 일기를 써봤으면 좋겠다.

지속 가능한
중개업 운영

공부에 시간을 얼마나 투자하느냐가
성공의 열쇠다

공부에 얼마나 투자하느냐와 몰입하느냐는 성공의 핵심 요소다. 오늘도 서울에서 교육받고 집으로 퇴근하는 길이다. 급속도로 성장하고 중개 업무를 잘하게 된 계기는 10년 전으로 거슬러 올라가본다. 당시에는 모르는 분야가 많아 매일 스터디를 하고 강의를 들으면서 자신을 스스로 발전시켰다. 일주일에 4일에서 5일은 스터디를 했다. 매일 반복해서 공부하다 보니 지금은 어떤 질문이 들어와도 설명을 잘 할 수 있고, 고객을 효과적으로 응대할 수 있게 되었다.

잠깐의 시간만이라도 공부하게 하고 조금만 참으면 중개업의 기간이 더 길어질 것이라고 느낀다. 요즘은 부동산 시장이 세대교체를 겪는 느낌이 든다. 오랜 경력을 가진 공인중개사들이 계약을 성사시키지 못하고 힘들어하는 모습을 많이 본다. 그러나 그분들이 성장과 발전을 위해 공부를 하지 않았다는 것을 알고 있다.

부동산 자산관리사가 되어 고객의 자산을 지키고 관리하는 것이 소명이며 목표다. 그러기 위해서는 세무부터 시작해 토지까지 폭넓은 공부가 필요하다. 모든 분야를 다 알 필요는 없지만, 때로는 특정 분야의 공부가 필요할 수 있다. 예를 들어, 세종시에서는 재개발이나 재건축에 대한 공부가 필요하지 않을 수도 있지만, 최근에 구도시 지역에서 재건축이 진행될 가능성이 있는 아파트의 매도 의뢰를 받았다.

그렇기에 재건축과 관련된 정보를 찾아보고, 해당 물건을 매도해야 할지 고민했다. 이처럼 세종시와 같은 신도시에서 예상치 못한 물건이 나올 수 있으며, 이를 적절히 중개하기 위해서는 관련 분야에 대한 공부가 필요하다. 매도인도 입주권의 획득 경로와 방법을 잘 모르고 있었지만, 이전에 공부한 재개발 및 재건축 지식을 활용해 설명했고 매도를 어떻게 할지 설명할 수 있었다.

처음 하는 초보 공인중개사에서 탈출할 수 있는 기준은 공부와 몰입에 달려 있다. 부동산 중개업에 몰입하고 다른 업무에 신경을 쓰지 않는 것이 중요하다. 정말로 부동산 중개업에 올인하고 몰입해야만 성공할 수 있다고 생각한다.

투잡을 하다가 중개업에 집중하면서 성공하는 경우를 많이 봤고, 이 길을 선택한 이유는 공부와 몰입이 성공을 가져온다는 것을 알고 있기 때문이다. 공부에 많은 시간을 투자하고, 몰입하며 부동산 중개업에 성공하고 지속적으로 힘을 키워야 한다고 생각한다.

하루라도 공부를 하지 않으면 불안하고, 성장할 기회를 놓치는 것 같은 기분이 들기도 했다. 이것은 몸에 익숙하게 하려고 많은 노력과 시간을 투자한 결과다. 부동산 중개업에서 지속적으로 성공하려면, 짧게는 3년에서 5년 동안 미친 듯이 공부하고 많은 시간을 투자해 몰입해야 하다. "어떻게 팔 수 있을까?"라는 고민을 계속하며 몰입하다 보면 결과는 자연스럽게 따라올 것이다.

오늘도 매물을 팔기 위해 현장을 다녀왔다. 고객에게 어떤 카드를 내밀어야 할지 고민하고 있다. 스터디를 열심히 하고 공부하는 시간을 늘리며, 중개업에 몰입한다면 원하는 매출을 무난히 이룰 수 있을 것이다. 공부와 몰입에 따라 매출과 지속 가능성이 달라지며, 즐겁고 신바람 나는 중개가 가능해진다.

02

타이밍에 맞는
공부 선택하기

공인중개사의 공부는 개인의 경험과 현장에 따라 달라야 한다. 초보 공인중개사와 3년 차, 10년 차 공인중개사는 각각 다른 방식으로 공부해야 하며, 이들의 공부 내용과 난이도가 상이하다. 초보 공인중개사라면, 강의나 세미나가 열릴 때마다 참여하는 것도 좋지만, 자신의 현장 상황에 맞는 공부가 필요하다.

예를 들어, 아파트를 전문으로 다루는 중개사라면 부동산 세무와 주거용 부동산 관련 공부에 집중하는 것이 바람직하다. 상업 용지나 공장, 토지 중개에 특화된 중개사라면 각각의 분야에 맞는 공부가 필요하다. 다른 중개사가 듣는 강의를 따라가기보다는, 자신의 업무와 관련된 과목을 명확하게 선택해 공부하는 것이 중요하다.

현재 세무 공부를 계속하면서도 토지 중개에 집중하고 있다. 이는 50세 이후부터 토지 중개에 집중할 계획을 세우고 있기 때문이다. 따라서, 스터디와 강의도 토지 관련 내용을 중심으로 진행하고 있다. 공부는 자신의 상황과 목표에 맞춰 선택해야 하며, 타인의 공부 방법에 휘둘리지 말고 자신의 상황에 맞는 공부를 해야 한다.

부동산 세무와 같은 기초적인 공부는 계속 유지하면서도, 마케팅 전략에 대한 공부도 중요하다. 블로그나 유튜브를 통한 마케팅은 단순히 정보를 전달하는 것이 아니라, 특정 키워드를 활용해 상위 노출을 목표로 해야 한다. 이를 통해 고객을 효과적으로 유치할 수 있다

예를 들어, 나성동에서 중개업을 하면서 나성동 관련 키워드로 상위 노출을 유지하고 있는 사례처럼, 자신의 지역에 맞는 정보를 중심으로 블로그를 운영하는 것이 필요하다.

마케팅 공부와 관련해서는 블로그의 상위 노출을 유지하기 위한 전략과 방법을 계속 배우고 적용해야 한다. 공부의 기준을 잘 잡고, 자신에게 맞는 기관에서 공부하는 것도 중요하며, 이 교재에서 추천하는 교육기관을 참고하는 것도 좋다. 공부할 때는 상황에 맞는 내용을 선택하고, 일주일에 하루를 스터디 날로 잡아 계획적으로 공부하는 것이 좋다.

네오비 비즈아카데미(https://www.neobacademy.com)	
네오비 실전 중개	초보 공인중개사 추천
네오비 마스터 과정	중고급 마케팅 전문 과정
부동산 멘토스쿨 고수 과정	
상가	허현도 교수님
부동산 세금	장정섭 교수님
재개발·재건축	장정섭 교수님
부동산 빅데이터	김유수 교수님

함께 성장하고 응원하는
중개사와 함께하기

　부동산 중개사로서 함께 성장하고 응원하는 동료들과의 소통은 매우 중요하다. 서울 경기권을 포함한 다양한 지역의 부동산 중개사들과 활발히 소통하고 있으며, 이들과의 협력은 성장과 발전에 큰 도움이 된다.

　부동산 중개업을 시작한 초반에는 동기들과 함께 서로를 응원하며 열심히 일했다. 시간이 지나면서 교육기관에서 다양한 실행과 실천을 함께하며 성장했다. 지금은 다양한 활동을 통해 함께하는 동료들과 서로 힘을 주고받으며 발전하고 있다. 이러한 활동에는 독서 모임, 바인더 쓰기, 성공 독서, 스터디 등이 포함된다.

　블로그와 유튜브 운영도 혼자서 하기 어려운 부분이 많다. 그래서 팀 블로그를 주 3회, 유튜브를 주 3회 올리는 목표를 세우고 함께 진행하고 있다. 벌금 제도와 같은 규칙을 만들어 서로의 부족한 부분을 채우고 힘을 내어 함께 성장하고 있다.

하루가 짧은 만큼, 다른 중개사들의 비판이나 고객에 관한 이야기를 하는 것보다, 서로 성장하고 발전할 수 있는 이야기를 나누는 것이 중요하다. 유튜브 쇼츠를 올리고 피드백을 받으며 발전해나가는 것도 좋은 예다. 이러한 모임과 활동은 필자의 성장 속도를 빠르게 해주며, 같은 목표를 가진 공인중개사들과 함께하는 것이 얼마나 중요한지 실감하게 된다.

부동산 중개사들은 다양한 모임에 참여할 수 있다. 특히 능률적으로 중개업을 잘하는 방법을 연구하는 모임에 참석하고 있으며, 이 모임의 리더나 임원진으로서 적극적으로 참여하고 있다. 이러한 모임에서 활동하며 좋은 성과를 내는 것은 성장에 큰 도움이 된다.

다른 중개사들을 비난하거나 끌어내리기보다는, 자신과 함께 성장하고 발전할 수 있는 동료들과 함께하는 것이 더 가치 있다. 알고 있는 노하우와 지식을 공유하며, 함께 발전할 수 있는 공인중개사들과 연대는 큰 힘이 된다.

이 책에서 소개하는 다섯 가지 프로젝트는 혼자서는 이루기 어려운 일들이다. 함께 성장하고 발전하며 행하고 있는 이러한 활동들이야말로 지역 내에서 1등 중개사가 되는 데 큰 도움이 될 것이라고 확신한다.

투자도 중개의 일부다

    부동산 중개를 통해 쌓은 목돈으로 부동산 투자를 해 가족의 삶을 더 윤택하게 만들 수 있었다. 중개와 투자의 비중은 각자의 상황에 따라 다를 수 있지만, 중개로 모은 돈을 활용해 투자하면서 자산 가치를 지속적으로 늘려왔다. 현재는 가족과 함께 투자에 대해 논의하며, 투자와 중개를 병행하고 있다.

    특히 남성 공인중개사들은 고정적인 급여를 가족에게 지급하고, 남은 금액을 투자로 전환해 수익을 증가시키는 것을 추천한다. 이렇게 하면 부동산 중개업이 더욱 즐겁고 의미 있게 느껴질 것이다.

    과거 보험설계사와의 대화에서 큰 교훈을 얻었다. 그 설계사분은 고정된 월급 외에도 보험을 통해 안정적인 노후를 준비하고 있다고 말씀하셨다. 이를 통해 부동산 중개업에서도 부동산을 많이 소유하고, 다양한 방식으로 투자를 통해 자산을 늘려야 한다는 생각을 하게 되었다.

부동산 투자의 방법은 다양하다. 싸고 좋은 물건에 투자하거나, 경매를 통해 수익을 창출하는 등 여러 가지 방법을 시도해볼 수 있다. 그러나 투자에 너무 몰입하다 보면 본업인 중개업을 소홀히 할 수 있으므로, 본업에 충실한 상태에서 투자를 병행하는 것이 좋다.

2019년 급등장 당시는 많은 공인중개사가 아파트 투자로 큰 양도차익을 얻었다. 그러나 하락장과 과다 대출로 인해 중개업을 포기한 사례도 많았다. 이로 인해 부동산 중개와 투자를 병행해 제2의 수익을 창출하는 것이 중요하다는 것을 깨달았다.

분양이나 시행을 하는 회사들과 친밀하게 지내면서, 중개사들에게 지급되는 수수료로 다시 매물을 구매하는 방식을 취하고 있다. 이렇게 투자한 매물의 가치는 시간이 지남에 따라 상승하게 되며, 이는 자산을 더 많이 확보하는 데 도움을 준다.

투자와 중개를 병행하면, 고객들에게도 신뢰를 줄 수 있으며, 그들이 같은 방식으로 행동하게 만들 수 있다. 다양한 방법으로 중개와 투자를 동시에 진행해 부동산 분야에서 성공하는 것을 추천한다.

블로그와 유튜브로
추가 수익 창출하기

　부동산 중개 외에도 블로그와 유튜브를 활용해 추가적인 수익을 창출하고 있다. 마케팅과 홍보를 효과적으로 진행해, 많은 시행사와 부동산 관계자들에게 광고 의뢰를 받아 수익을 얻고 있다. 특히 가치 있는 물건이 발견되면, 유튜브팀과 블로그 팀과 협력해 홍보를 강화하고 이를 통해 월 수익을 창출하고 있다.

　필자는 세종시의 10명의 공인중개사와 기타 지역의 공인중개사들과 함께 유튜브 콘텐츠를 제작해 매물의 가치를 홍보하고 있다. 이러한 협업을 통해 매물의 투자 가치를 높이고, 매매를 통해 수수료를 분배받는 방식을 취하고 있다. 이와 같은 협력적 접근은 부동산 중개와 투자 외에도 마케팅을 통해 추가적인 수익을 창출하는 방법을 제공한다.

　매물의 홍보가 잘 이루어지면, 공인중개사의 전문성이 더욱 강화된다. 정확한 정보 분석과 고객에게 유용한 정보를 제공함으로써, 신뢰를 쌓고 수익을 창출할 수 있다. 또한, 여러 공인중개사와의 협업을 통해 공인중개사 간의 우애도 돈독해지고, 협력적으로 일할 수 있는 즐거움을 느끼고 있다.

마케팅을 통해 수익을 창출하는 것은 부동산 중개업에 기본적인 마케팅 역량이 필요한 부분이다. 블로그와 유튜브를 활용해 광고 수익뿐만 아니라 분양 수익도 동시에 얻을 수 있다. 이렇게 수익을 다양화하면, 부동산 중개 업무의 영역을 넓히고, 리더십을 발휘하면서 중개와 분양을 동시에 성공적으로 진행할 기회를 얻을 수 있다.

따라서 블로그와 유튜브를 활용해 중개 업무 외에도 추가적인 수익을 창출할 기회를 인식하고, 이들 채널을 성장시키기 위한 전략을 고민하는 것이 중요하다.

잘나가는 공인중개사의
비밀 노트

8년을 이어온
필자의 독서 모임

부동산 중개업을 하면서 큰 변화를 겪을 수 있었던 계기 중 하나는 독서 모임에 참여한 경험이다. 특히 2015년에 참여했던 '나비 모임'은 필자 인생에 중요한 전환점을 마련해주었다. 이 모임에서는 책을 읽고, 토론하며, 함께 성장하는 시간을 가졌다.

독서 모임에 참여하면서 책을 읽는 데 흥미를 느끼게 되었고, 이를 통해 필자의 삶에 많은 변화가 일어났다. 미라클 모닝을 시작하면서 삶의 질이 향상되었고, 지금의 책 집필에 대한 용기와 아이디어를 얻을 수 있었다.

일요일마다 서울로 올라가 독서 모임에 참여하는 것은 큰 영감을 주었고, 그 과정에서 많은 것을 배울 수 있었다. 이후에는 세종과 대전의 공인중개사들과도 독서 모임을 만들었고, 2016년부터 지금까지 지속적으로 모임을 이어오고 있다. 코로나19로 인해 잠시 쉬기도 했지만,

줌을 통해 모임을 이어갔고 계속해서 독서를 통해 성장을 추구했다.

독서를 통해 얻은 지식은 부동산 중개업에 큰 도움이 되었다. 영업과 서비스의 마인드를 책을 통해 배우고, 설득의 기술을 익히며 이를 실천해나갔다. 부동산 중개업에서의 경험과 독서에서 얻은 지혜를 통해 고객의 요구를 더 잘 이해하고, 다양한 상황에서 효과적으로 대처할 수 있었다.

독서 모임에 참여하면서 삶의 방향이 바뀌었고, 가족과의 관계도 더욱 깊어졌다. 독서의 힘으로 자신과 주변을 긍정적으로 변화시킬 수 있었고, 공인중개업에서의 전문성도 높일 수 있었다. 독서 모임은 필자 인생에 긍정적인 영향을 미쳤으며, 많은 사람에게 권하고 싶은 활동이다.

독서 모임에 리더로서 참여하고, 꾸준히 독서를 실천하는 과정에서 얻은 성과는 삶의 많은 부분에 영향을 미쳤다. 다양한 작가들의 지혜와 실천을 통해 업무와 개인적 삶 모두에서 성장을 이룰 수 있었다. 부동산 중개업을 22년 동안 하면서, 독서와의 만남이 전문성과 삶의 질을 높여주는 데 중요한 역할을 했다고 생각한다.

이러한 경험을 통해 독서의 중요성을 실감했고, 독서 모임을 통해 지속적인 성장을 추구하는 것의 중요성을 강조하고 싶다.

회차	년도	날짜	도 서	저자	출판사	장르	OPL	Remarks
165회		1월 8일	호갑이 전략을 이긴다	몰입돌 바로잡기반	흥단북스	경영전략	홍정표	온라인줌
166회		1월 22일	멘트가 죄다	안규호	생반파커스	영업	윤예숙	
167회		2월 5일	리더십의 법칙2.0	존 맥스웰	비즈니스러닝셀	경영	이영효	전국공통
168회		2월 19일	오은영의 화해	오은영	코리아닷컴	인문,심리	설춘영	
169회		3월 5일	부의 시그널	박종훈	베가북스	경제	이상은	전국공통
170회		3월 19일	멘탈이 무기다	스티븐 코틀러	새울서적	자기계발	권미혜	
171회		4월 2일	사장의 철학	안상헌	필슬림	인문	정진숙	전국공통
172회		4월 16일	핵심 특정의 소상공인은 어떻게 3개월만에 돌매출 1억을 어떻게 달성 했을까	서환덕	와일드북	성공/처세	저자특강	전국공통
173회		4월 30일	멘탈의 연금술	보도섀퍼	토네이도	성공/처세	박병오	전국공통
174회		5월 21일	적정한 삶	김경일			저자특강	충무아트홀
175회		5월 21일	한 문장으로 말하라	나쓰오 필슈츠	비즈니스북스	자기계발	남윤식	
176회		6월 4일	지금 하지 않으면 언제 하겠는가	팀 페리스	토네이도	자기계발	김영은	전국공통
177회		6월 18일	소크라테스의 변명	플라톤 (박문재 역)	문대지성	철학	이명숙	
178회	2022년	7월 2일	진짜부자들의 돈쓰는법	사토 도요미	한국경제신문	재테크	이현노	전국공통
179회		7월 16일	부동산 상승 신호 하락 신호	신현강(부룡)	잇콘	부동산 투자	강희정	
180회		8월 6일	무기가 되는 스토리	도널드밀러	윌북	마케팅	고미경	전국공통
181회		8월 20일	바빌론부자들의 돈버는 지혜	죠지 S 클레이슨 (좋은 번역)	책수레	재테크/투자	우승훈	
182회		9월 3일	인생을 바꾸는 건축수업	김진애	다산북스	자기개발	구주아	전국공통
183회		9월 7일	생각하는공인중개사가 생존한다	김의섭	매일경제신문사	부동산	출판기념회	강남 350타워
184회		9월 17일	매일 아침 써봤니?	김민식	위즈덤하우스	자기개발 에세이	저자특강	
185회		10월 1일	다시 책은 도끼다	박웅현	북하우스	인문일반	저자특강	전국공통
186회		10월 15일	오티움	문요한	위즈덤하우스	교양심리	장경순	
187회		11월 5일	기버2 셀모어	밥버그,존 데이비드만	프레스트북스	영업마케팅	이홍준	전국공통
188회		11월 19일	수련	배철현	21세기북스	인문일반	김사랑	
189회		12월 3일	10배의 법칙	그랜트 카돈	부키	성공/처세	문예지	전국공통
190회		12월 17일	망각과 자유 (장자읽기의 즐거움)	강신주	갈라파고스	철학	이지욱	

출처 : 저자 제공

김명옥 대표(트리풀행복 공인중개사사무소)

제14회 공인중개사 시험에 합격하고 부동산 중개업을 20여 년 하면서 내가 가장 잘한 일은 독서 모임을 함께 끝까지 했다는 것이다.

중개업을 하면서 참으로 많은 사람을 만나고 상황에 맞게 잘 대처하고 고객과 공감하면서 중개 매물을 계약으로 이끌어내는 상황이 되어야 우리 공인중개사는 수익이 발생한다.

다양한 고객을 상대하다 보니 시장의 변화를 제때 알 수 없을 때도 있다. 하지만 독서 모임을 하면서 책을 통해 부동산의 트렌드를 알게 되어 너무 많은 도움이 되었다.

나는 사실 소설 원 포인트 발표를 많이 했다. 다양한 분야의 책과 내가 좋아하는 소설을 읽으면서 살아가는 삶의 이야기도 알게 되고, 그러면서 동종업종에 있는 공인중개사들과 같이 고민하고 힘든 시간을 헤쳐나가는 방법을 찾기도 했다. 어려운 일을 해결했던 상황이 많이 있었고, 답을 찾지 못하다가 찾기도 하는 등 독서 모임은 음으로 양으로 도움이 많이 되었다.

뒤돌아보니 거의 10년 정도 독서 모임에 참석하면서 성실히 참여하고 같이 고민하고 생각했던 시간이 새록새록 생각이 난다. 그 많은 책이 내 삶에 알게 모르게 많은 영향을 미쳤고, 독서로 중개업에 접목하면서 지금까지 버텨올 수 있었던 것 같다.

많은 공인중개사가 꾸준히 한 가지를 오래 하지 못한다. 이유야 여러 가지 있겠지만 당장 효과를 볼 수 있는 것이 아닌 것이 독서인지라 많은 분이 초반에는 참여했다가 1년을 못 넘기고 중도 포기하고 만다. 나는 이렇게 장시간 포기하지 않고 참여를 계속함으로써 중개업에서 어렵고 힘든 부분들을 잘 해결했다. 회원들과 고민해가면서 지금처럼 이렇게 일이 잘 안 되는 때도 중개를 계속해서 이어가고 있다. 중개 업무와 독서가 무슨 연관이 있냐는 소리도 듣는다. 하지만 정말 많은 연관성이 있다. 우리 독서 모임은 심리 도서와 설득 도서, 마케팅 도서, 자기계발 도서, 부동산 투자서 등 다양한 도서를 읽고 각 공인중개사의 생각을 듣고 토론하는 시간을 통해 배워간다.

같은 도서를 읽지만 다른 생각을 하는 것이 신기하고 그 생각을 내가 일하는데 접목하기도 하고 생각해보면 정말 독서 모임은 일거다득이다.

논어에 나오는 한 구절을 인용해보겠다.

學而時習之 不亦說乎(학이시습지 불역열호)
배우고 때때로 익히면 또한 즐겁지 아니한가

책을 읽으면서 다르게 생각하고 비틀어서도 생각해보는 시야를 갖다 보니 중개업을 하는 것이 그냥 장사하는 것이 아니라 사업을 한다는 마인드를 갖게 해준 것도 독서를 통해서다.

부동산 중개업을 하려면 꼭 독서를 해야 하고 혼자가 어려우면 우리처럼 같이 함께 꾸준히 하길 추천한다. 정말 많은 도움이 되기 때문이다. 이렇게 독서 모임을 오래 같이하고 지난 몇 년간 봉사자로서 잘 이끌어준 정진숙 대표에게도 고마움을 전한다.

독서 모임 관련 글을 쓰다 보니 새벽에 나가기 싫고 게으름 부릴 때도 있었지만 다녀오면 에너지가 생기고 열정이 생겼던 시간이 주마등처럼 스쳐 간다. 좀 더 열심히 잘할 걸, 하는 생각도 하게 된다. 지난 독서 모임의 시간을 돌아볼 기회를 준 정진숙 대표에게 다시 한번 감사함을 전하고 싶다.

02

공인중개사의 전문성 높여주는
성공 독서법

2023년 봄, 롤모델로 삼는 단이쌤이 운영하는 독서 클럽에서 100일 동안 10권의 책을 읽고 문장에서 느낀 생각과 관련된 이야기를 카페에 올리는 미션을 진행했었다. 이 시스템이 매우 효과적이라고 느껴, '성공 독서법'이라는 이름으로 프로젝트를 지인들과 함께 시작하게 되었다.

우리의 목표는 50권의 전문 분야 도서를 토지, 상가, 부동산, 세금 등을 읽는 것이었다. 이를 500일 동안 진행할 계획이었고, 현재까지 400일이 지나 40권의 책을 읽었다. 책의 전체 페이지를 10일로 나누어 보통 30~40페이지를 읽고, 읽은 내용 중 매일 한 문장씩 읽는다. 그 문장에서 얻은 느낌과 생각을 정리하면서 독서의 기준과 방향을 잡아가고 있다.

우리 모임의 목표는 처음에는 50권으로 설정했다가 하다 보니 아주 효과가 좋고 중개 업무를 하는 데 많은 도움을 받는다 해서 지금은 50

권이 아닌 100권으로 설정했다. 1,000일 동안 매일 책을 읽고, 책에서 끌리는 문장과 내용을 카톡방에 공유하며 진행하고 있다. 이 과정에서 참가자들은 다양한 방식으로 독서 내용을 기록하고, 블로그에 포스팅 하거나 유튜브 영상을 제작하는 등 독서에 대한 열정을 나누고 있다.

부동산 전문가로서 독서의 중요성을 더욱 깊게 깨닫고 알고 있기에 독서를 통해 얻은 지식은 업무에 큰 도움이 되었다. 전문 용어 등은 브리핑에 활용해 클로징에 도움이 되고, 고객에게 높은 만족도를 주었다. 실제로 부동산 시장이 불경기일 때도 독서로 얻은 지식을 바탕으로 계약 성사율을 높이고 매출을 증가시킬 수 있었다.

부동산 중개업에서 성공하기 위해서는 시장의 다양한 분야와 트렌드를 이해하는 것이 필수적이다. 각 시장의 움직임과 타이밍을 정확히 파악하고, 이를 통해 중개업에서 성공할 수 있는 기준을 세우는 것이 중요하다. 예를 들어, 상가는 업종별로 최적의 오픈 시기와 타이밍이 다르다. 토지 시장도 계절과 용도에 따라 다른 움직임을 보인다. 이러한 정보를 바탕으로 고객에게 적절한 조언을 하고, 최적의 결과를 이끌어 낼 수 있다.

부동산 중개업과 독서는 밀접한 관계가 있다. 독서를 통해 얻은 지식과 통찰력은 고객과의 소통과 문제 해결에 큰 도움이 되며, 이로 인해 중개업에서의 성과와 만족도가 높아진다. 경험을 바탕으로 독서를 통해 자신의 전문성을 키우고 부동산 중개업에서 성공을 이루시길 바란다.

부동산 중개와 독서의 관계를 의심하는 분들에게 필자 경험을 공유하며, 독서의 중요성을 강조하고 싶다. 독서가 어떻게 업무에 적용되고, 개인적인 성장을 이루는 데 기여하는지를 모두 체험했으면 한다. 많은 분이 독서의 가치를 인식하고 실천해보시길 바란다.

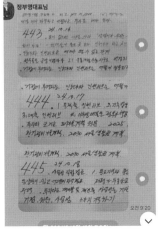

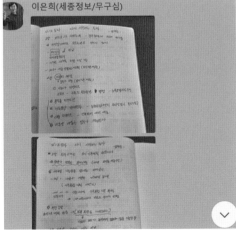

출처 : 저자 제공

세종황금탑 최형윤

성공독서 449일차
다시 시작하는 투자
엄재웅 지음

맘에드는문장
인허가와 인센티브가
만나면 그곳의 땅값은
상승할 수밖에 없으니
지구단위계획을 중심으로
시세가 오르고 주변부의
재개발과 재건축에도
영향을 미칩니다. 부자가
되기 위해서는 단번에 내
집을 마련하겠다는 생각을
바꿀 필요가 있습니다.
개방을 귀찮하는

최문석

성공독서 - 435일차 -

*도서명:결국엔 오르는 집 값의 비밀 //
김준영/지음

*내마음에 끌리는 문장
첫 번째로 자산가치의 상승과 하락은 공
급에 의한 임대료 변화에서
생겨나는 짧은 변동성에 가깝다고 할 수
있고, 두 번째로 금리의 하락은
돈의 사용가치 하락에서 오는 자산 상승
에 가깝습니다.
이렇게 자산가치는 두 가지의 경로를 통
해서 변화를 만들어내게 됩니다.

*느낌 사연 소감 사색등
금리의 영향이 최근의 역사와 앞으로의
추이로 얼마나 현실에서

최고 실장님 서은주대표님

성공독서-451일차(24.10.24)
* 도서명 : 토지보상 투자 /
김보겸

* 내 마음에 끌리는 문장 등

토지보상 투자시
도로구역은 토지의 소유
시기에 상관없이 보상
대상이나 접도구역은
매수청구만 가능하다

매수청구는 도로법 제 41조
제2항에 따라 접도구역이
지정될 당시부터 해당
두기로 매수 스우한 자가

최형윤

성공독서 453일차
토지보상 투자
김보겸 지음

맘에드는문장
K-Geo 플랫폼 (국가 공간 정보 통합 플
랫폼)은 기존의 국토 정보 시스템과 국
가 공간 정보 통합 체계를 클라우드 기
반으로 통합하여 대국민서비스를 확대
한 것이다. K-Geo 플랫폼의 기능은 크게
세 가지가 있다.

대국민 (스마트 국토 정보 서비스)
-토지 찾기 (내토지, 조상땅) 온라인 시청
열람 서비스
-위치 기반의 부동산 정보 (토지 건물 가
격)서비스

출처 : 저자 제공

정부영 대표(세종토지몽땅 공인중개사사무소)

공인중개사의 꿈을 품다

건설이 대한민국의 눈부신 발전을 이끌었다는 확신으로 건축공학을 전공한 필자는 대학 졸업 후 아파트 시공 현장에서 첫발을 내딛게 되었다. 현장에서 일하며 건설 산업의 역동성과 부동산의 가치를 직접 체험하면서, 언젠가는 부동산 전문가가 되겠다는 꿈을 키워나갔다. 시공사에서의 경험을 발판으로 건축자재 유통회사로 이직하며, 더 넓은 시야를 갖추게 되었고, 마침내 30대 후반에 제33회 공인중개사 시험에 합격하는 기쁨을 맛봤다.

새로운 시작, 그리고 만남

자격증 취득의 기쁨도 잠시, 현실의 벽은 높았다. 부동산 중개업계의 인프라도, 인맥도 전무했던 필자는 성공한 공인중개사들의 책을 읽으며 방향을 찾아 헤맸다. 그러던 중 우연히 지역 공인중개사들의 독서 모임 소식을 접하게 되었고, 이것이 인생의 터닝포인트가 될 줄은 그때는 몰랐다.

운명적인 만남, 정진숙 대표님

독서 모임의 회장이었던 정진숙 대표님은 나의 열정을 알아보시고, 성장을 위한 명확한 방향을 제시해주셨다. "강의를 듣고, 책을 읽어라"라는 단순하지만 강력한 조언과 함께, 새로운 성공 독서 모임에 동참할 것을 제안하셨다. 대표님의 끈기 있는 성품과 전문성에 매료된 필자는, 이 제안이 커리어의 터닝 포인트가 될 것임을 직감했다.

체계적인 성공 독서의 시작

2023년 8월부터 시작된 성공 독서 모임에서, 필자는 책 선정위원이라는 중요한 임무를 맡게 되었다. 우리는 부동산 분야의 전문성 강화를 위해 토지, 상가, 재개발, 재건축, 경매, 세무 등 세부 분야별로 철저한 학습 계획을 세웠다. 매번 100권의 후보 도서 리스트를 준비하고, 회원들의 투표를 통해 10권씩 선정하는 체계적인 시스템을 구축했다.

전문적인 도서 선정 프로세스

도서 선정은 과학적이고 체계적으로 이루어진다. 먼저 각 전문 분야별로 베스트셀러와 스테디셀러를 조사하고, 저자의 전문성과 경력을 꼼꼼히 검증한다. 독자 리뷰와 전문가 평가를 종합적으로 분석해 예비 리스트를 작성하고, 회원들의 민주적인 투표를 거쳐 최종 선정하는 과정은 그 자체로 학습이 된다.

독서를 통한 변화와 성장

디지털 시대에 활자 독서가 주는 가치는 더욱 특별하다. 전세 사기 등 부동산 관련 사회적 문제가 대두되는 상황에서, 전문 중개사의 역량이 그 어느 때보다 중요해졌다. 매일 꾸준히 페이지를 넘기는 습관은 전문성 강화뿐만 아니라, 인격적 성장의 토대가 되었다.

미래를 향한 비전

40권이 넘는 전문 도서를 함께 읽어오면서, 이제는 확신할 수 있다. 100권 완독이라는 목표를 향한 2년여의 여정이 결코 쉽지 않겠지만, 이는 진정한 부동산 전문가로 거듭나기 위한 필수 과정임을. 정진숙 대표님과 함께하는 이 독서 여정을 통해, 필자는 매일 한 걸음씩 성장하고 있다. 앞으로도 이 귀중한 습관을 이어가며, 전문성과 신뢰성을 갖춘 부동산 전문가로 성장해나갈 것을 다짐한다.

우리 성공 독서 모임은 단순한 독서 모임이 아니다. 이는 전문가로 성장하고자 하는 열정 넘치는 동료들과 함께하는 평생학습의 여정이다. 정진숙 대표님의 선구자적인 비전과 리더십에 깊은 감사를 드리며, 이 값진 모임이 앞으로도 더욱 발전하고 확장되기를 진심으로 기원한다.

03

부족한 부분을 채워주는
스터디 모임의 중요성

부동산 중개업에서 성공하기 위해서는 뛰어난 전문 지식이 필수적이다. 공인중개사 공부 수준을 넘어서, 더욱 세부적이고 전문적인 지식이 요구된다. 이를 위해 많은 노력과 공부가 필요하지만, 강의를 들으면서도 실제로 기억이 나지 않거나 활용하기 어려운 경우가 많았다. 그래서 스터디 모임을 구성해 부족한 부분을 보충하기로 결심했다.

처음에는 매주 한 번, 수요일 저녁 7시부터 10시까지 스터디를 하기로 했다. 혼자서는 공부가 힘들었기에, 공인중개사 동료들과 함께 스터디를 시작했다. 초반에는 몇 번이나 하고 않을까 싶었지만, 스터디를 진행하면서 부족한 지식을 채우기 위해 점점 더 많은 시간을 투자하게 되었다. 어느 달에는 주 5일 스터디를 진행하기도 했다.

이렇게 5~6년 동안 매주 스터디를 진행하면서, 책에서 배운 내용을 다시 한번 점검하고, 놓친 부분을 서로 공유하며 학습 효과를 극대화할 수 있었다. 매주 수요일 저녁에 중개사무실에서 스터디를 진행하면서, 책의 내용을 다시 읽고 토론함으로써 깊이 있는 이해와 더 나은 실력을 갖출 수 있었다.

현재도 매주 화요일과 수요일에는 스터디를 진행하고 있으며, 신입 공인중개사들에게도 스터디의 중요성을 강조하고 있다. 신입생들은 스터디를 통해 많은 것을 배우고, 실제로 계약 성사율이 높아지기도 했다. 이런 스터디의 효과를 통해, 전문 지식을 쌓고 계약 성사율을 높이는 데 큰 도움이 되었다.

스터디의 중요성을 강조하며, 독자분들도 매주 같은 요일, 같은 시간에 스터디를 진행할 것을 추천한다. 유료 강의를 들을 때처럼 결석하지 않고, 열심히 참여하면 그만큼 실력 향상에 도움이 된다. 경험으로는 스터디를 통해 많은 지식을 얻었고, 실력을 향상시킬 수 있었다.

매주 스터디를 진행하며 다양한 분야 부동산 세무, 상가 중개 실무, 재개발 및 재건축 등에 대한 지식을 깊이 있게 연구하고, 물건 분석을 함께하면서 업무의 질을 높이는 데 큰 도움이 되었다. 스터디는 단순한 학습을 넘어, 열정과 끈기를 높이고, 부동산 중개업에서의 성공을 이끄는 중요한 도구다.

그래서 고객의 질문에 항시 답변해주고 같이 계산해주며 알려준다. 같이 고민하고 해결하는 방안을 고객들과 같이 소통하므로 고객이 인정하는 공인중개사 중 실력이 있다는 소리를 종종 듣는다. 다른 중개사무실 공인중개사들도 답변을 못 하면 나의 전화번호를 주고 나에게 물어보라고 할 정도로 스터디를 통해 얻은 지식과 경험은 부동산 중개업에서 큰 효과를 발휘할 것이다.

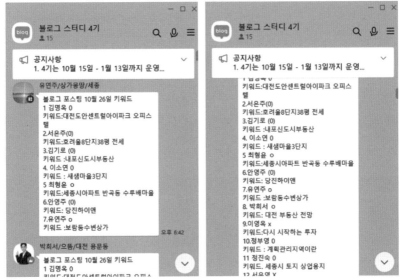

출처 : 저자 제공

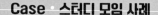

서은영 대표(행복한우리집 공인중개사사무소)

세종시 새심마을 1단지 상가에서 중개사무실을 운영하고 있다. 중개업은 5년 차다. 정진숙 대표님이 이끄는 스터디에 들어가게 된 지 3년이 되어가고 있다.

부동산 중개를 하는데 스스로 늘 부족하다고 생각했고, 고객과 대화를 하거나 브리핑을 할 때 자신감이 없었다. 특히 전문 지식이 있는 고객들을 만나면 상담은커녕 내용을 이해하기 힘들기도 했다. 그러던 와중 지인을 통해서 공인중개사들로 이루어진, 너무나 소중한 스터디 모임에 들어가는 행운을 만나게 되었다.

스터디를 한 지 1년 반 정도 경과했을 무렵, 고객과의 미팅에서 편안하게 브리핑할 수 있게 되었다. 자신 없는 상담 요청이 들어오더라도 조금 더 알아봐주겠다고 자신 있게 말할 수 있게도 되었다.

요즘은 감사하게도 전속으로 물건을 주는 고객도 생겼다. 몇 군데 중개사무실에 전화했는데 제일 친절하고 적극적으로 상담해주었다면서. 그럴 때는 자신감이 더 차오르고 스터디를 더 꾸준히, 열심히 해야겠다는 동기부여까지 되었다.

한 사례로는 아파트를 분양받을 당시 비조정 지역이었으며, 준공된 지 5년 된 아파트를 1개 보유하고 있는데 양도세 및 비과세를 받으려면 거주해야 하는지 물어봤다.

스터디 전이었다면 당연히 1주택이니 비조정 지역에서 분양받으면 거주하지 않아도 된다고 답했을 텐데, 분양받을 당시 주택이 또 있었는지 체크해 당시에 주택이 1개 더 있었다는 것을 알게 되었다. 중간에 주택을 1개 팔고 현재는 1주택이었던 분이었다. 그래서 거주해야 한다는 사실을 알려드렸으나, 임대주고 있기도 하고 거주도 못 하는 상황이어서 거주 요건을 충족시키는 상생 임대를 설명해드렸다. 임대 기간이 끝나면 팔고 큰 평수로 이사할 계획인데, 그때 잘 팔아달라는 말을 들었다. 말만 들어도 뿌듯했던 경험이다.

이 스터디 모임은 성장하고 싶어 하는 중개사들이 모인 집단이기 때문에 서로 격려하고 성장하게 해주는 것이라고 생각한다. 긍정적이고 열정적인 마인드를 좀 더 오랫동안 지속시켜줄 수 있는 모임이라고 말할 수 있다.

계속 변화하는 시장 환경 가운데 경쟁력을 키우고 똑똑해지는 소비자들에게 전문 지식으로 상담할 수 있는 능력을 기를 수 있게 해준다고 생각한다.

결과적으로 이 스터디 모임은 단순한 지식 습득을 넘어 계속 발전하는 모습을 통해 공인중개사들의 긍정적인 이미지를 높여주고 더 나아가 부동산 중개업에도 긍정적인 영향을 미칠 수 있다고 생각한다. 한참 부족한 나와 함께 해주고 있는 분들께 감사함을 전하고 싶다.

혼자하기 어려운 마케팅을 함께하는 공동 네트워크

2014년부터 5개의 블로그 계정을 열심히 쓰던 시절이 있었다. 부동산의 마케팅은 블로그가 전부인 줄 알고 블로그를 많이 썼다. 블로그의 용도는 매물을 홍보하거나 고객을 유치하기보다는, 필자는 정보를 알고 부동산을 공부하는 데 많이 활용한다.

모든 아파트 분양 현장의 분양 정보를 하나씩 올리기 시작했고, 상가 건물이나 단지 내 상가 등 부동산에 관련된 상가들이 입찰이 있거나 토지 분양이 있거나 공고가 있을 때마다 항상 정보를 알리려고 블로그를 썼다. 블로그를 쓸 때 상가, 호실 수, 임차 예정가 이러한 것들을 계속 관리하고 쓰다 보니 세종시 상가나 아파트 모든 이름과 브랜드 상가의 위치 분양가격 등을 다 외우게 되었다. 고객이 어떠한 질문을 해도 그 분양 당시의 유래와 현황 등을 알고 있고, 머리에 쌓여 있는 지식이 다른 공인중개사들보다 많았다.

사무실 홍보와 빠른 부동산 현황 등을 알고 빠르게 고객에게 대응방

안 등을 제시하면서 사무실의 매출은 계속해서 늘어났다. 같이 일하는 직원들도 힘들기는 해도 매출이 증가하니 만족도가 매우 높다.

지금도 필자가 정보 제공을 위해 필요하다고 판단이 될 때는 블로그를 쓴다. 초창기에 블로그를 쓸 때는 정말 열심히 썼고, 많이 공부하면서 포스팅했다. 모든 다양한 분야들을 다 관리하고 일을 하던 중 요즘은 토지 중개에 매진하는 상태이다 보니 토지에 관련된 블로그를 쓰고 있다.

혼자 쓰는 것이 어렵고 힘들다고 이야기하는 주변의 공인중개사들과 함께 그룹으로 블로그를 주 3회 포스팅을 했다. 블로그의 성장 과정 등을 같이 공유하면서 서로 부족한 부분들을 서로 가르쳐주며 지금은 여러 공인중개사와 같이 팀으로 블로그를 열심히 쓰고 있다.

같이 하는 공인중개사들도 일하면서 정말 많은 도움을 받고 있다. 혼자는 어렵고 미루고 잘 쓰지 않던 블로그를 지금은 함께 쓰고 하니 만족도가 너무 높다. 물론 블로그를 썼다고 당장 계약이 나오는 것은 아니다. 그래도 블로그 보고 전화량이 늘어나고 계약으로 이끌어내는 힘이 있다. 그것만으로도 대표님들의 공동 블로그 운영 성과는 아주 크다.

이 도서를 읽고 있는 독자 공인중개사 또는 일반인들도 혼자 하기 어려운 블로그를 함께 동료끼리 시작하길 권한다. 개인적으로 공인중개사 또는 사업을 하는 사람이 블로그를 하지 않고, 사업을 하고 중개업을 한다면 사업을 포기한 것으로 판단한다.

특히 부동산 중개업을 하려면 블로그를 꾸준히 써야 할 것이며, 블로그를 손에서 놓은 순간 부동산 중개를 포기한 것으로 보면 될 것이다.

서은주 대표(운좋은 공인중개사사무소)

처음으로 블로그를 만든 날짜를 확인해 보니 2006년 3월 18일이었다. 정확하게 내가 왜 블로그를 만들었는지는 기억이 나지 않지만, 그때는 손바느질, 퀼트를 열심히 하는 때라 아마 작품을 찍어서 올리지 않았을까 싶다. 그때도 자랑하고픈 마음과 블로그를 통해 작품들의 기록들을 남기고 싶었던 것 같다.

2019년 공인중개사에 합격하게 되고 네오비 교육을 받으면서 다시 블로그 쓰기 시작하게 되었다. 기존의 개인적인 블로그를 싹 다 지우고 전문 공인중개사로서 사진과 글을 써서 올리고 있다.

중개 일을 하면서 사진을 찍고, 표를 만들고, 글을 쓰는 일은 여간 성가신 일이 아니다. 어쩌다 한번 하는 일도 아니고 꾸준함을 기반으로 하는 거라 일주일 3개씩 쓰고 있는 지금도 가끔은 꾀가 나는 힘든 일이다.

그런데 왜 블로그를 이렇게까지 써야 할까? 지금은 유튜브 쇼츠, 인스타그램 등 다양한 매체들로 부동산의 매물 광고들을 올리고 있다. 글로 쓰는 블로그는 잠시 그 힘을 잃은 듯 보이기도 한다. 사람들은 영상에 빠져 글을 꼼꼼하게 읽거나 하는 일들에 소홀해지는 듯하다.

필자가 생각하는 블로그는 그 사람의 기록이며 역사다. 왼편에 카테고리를 통해 이 사람이 어떤 것들에 관심이 있고 어떤 분야에 전문가인지 한눈에 알 수 있다. 얼마나 부지런히 글을 쓰고 있는지 보이기 때문에 성실성이나 진실성이 보이기도 한다.

블로그에 매물 광고도 올리고 있지만, 세법 관련 정보나 세종시의 핫한 소식들, 부동산 관련 독서 모임의 책 리뷰 등등 다양한 카테고리를 만들어서 기록하고 이웃들과 공유하고 있다.

다양한 계층의 사람들이 들어와서 글을 읽고 댓글을 달고 소통하고 있다. 간혹 오랫동안 연락이 두절되었던 친구와 다시 연결되기도 한다.

단아하고 조용한 60대 후반의 사모님이 계셨는데 가끔 블로그 잘 봤다고 하시면서 청약과 세종시 부동산에 대해 궁금한 것들을 물어보시던 분이 계셨다. 연세가 있으시다 보니 어디 편하게 물어보기가 힘들다고 하시면서 자주 통화하다 보니 친해졌고 가끔 오셔서 맛난 간식도 주시고 여행 다녀오신 사진도 보여주신다. 그러다 친구가 살고 있는 한솔동으로 이사하고 싶다고 하셔서 한솔동에 마음에 드는 집을 구해 드렸다. 지금도 그 사모님은 나의 블로그를 읽고 계시고 좋은 관계를 꾸준히 이어가고 있다. 글은 그 사람의 마음을 담고 있을 때가 많이 있다. 거짓으로 쓴 글은 표가 나고 믿음이 가지 않을 때가 많다. 잠깐씩 영상으로 보는 유튜브와는 결이 다르게 마음을 보여줄 수 있는 것이 글로 쓰는 블로그다.

블로그로 사무실이 있는 새롬동의 매물뿐만이 아니라 세종시 곳곳의 매물들을 접수받을 수도 있다. 세종시는 차로 20여 분이면 어디든 닿을 수 있기에 세종시 중개사무실들은 세종시 전역을 취급하고 있다. 가끔은 다른 동의 대표님들과 물건을 공유하기도 해서 빠르게 계약을 하는 경우도 종종 있다.

공인중개사가 매물을 광고하는 방법은 많다. 그중에서 가장 쉽게 접근할 수 있는 것이 블로그 쓰기다. 돈이 안 들어가는 광고 방법도 블로그 쓰기다. 그저 핸

드폰 하나만 있으면 누구든 쉽게 찍고 글을 써 올릴 수 있다.

일정한 시간이 지나고 이웃 수가 상승하면 광고도 붙고 작게나마 수입도 생긴다. 블로그로 인해 계약이 진행되면 성취감도 커지고 중개에 대한 자신감도 올라간다.

공인중개사라면 꼭 반드시 해야 하는 일이 블로그 쓰기라고 생각한다. 귀찮다고, 시작이 어렵고 힘들겠다고 망설이지 말고 일단 시작해보면 글솜씨도 늘고, 사진 찍는 기술도 늘고 결국엔 계약도 늘어나게 된다.

짧은 가을이 가기 전에 단풍이 이쁜 새롬동의 아파트 사진을 찍으러 오늘도 핸드폰을 챙겨 나가봐야겠다.

고객의 90%는
유튜브를 보고 찾아온다

블로그를 한참 쓰다가 어느 순간 동기 공인중개사의 권유로 유튜브를 시작했다. 글보다는 말로 하는 브리핑이 능숙해 유튜브 마케팅이 도움이 많이 될 것이라고 주변의 추천을 받아 유튜브를 시작했다.

혼자 유튜브를 시작해 영상을 찍고 편집해가면서 많이 어렵고 힘든 길을 갔으며, 유튜브는 정말로 어렵고 힘든 마케팅 과정의 하나였다. 블로그와 마찬가지로 유튜브 또한 매일 영상을 만들어서 꾸준히 올리는 것이 답이라고 생각했다.

하지만 어렵고 힘들었다. 어떤 내용을 가지고 영상을 올려야 하는지도 모르겠고 어떻게 편집해야 하는지도 모르겠고 많이 어렵고 힘들었다. 그래도 포기하지 않고 꾸준히 영상을 편집해 가면서 올리면서 브랜드가 구축하게 되었고 그렇게 하면서 고객의 문의 전화 등이 오고 상담이 늘어나면서 매출은 계속 늘어났다.

'세종몽땅부동산' 정진숙이라는 이름이 알려지기 시작했고 많은 사람과 소통했다. 부동산 시장의 상승장과 하락장일 때 또한 거래를 계속하고 영상을 많이 업로드하면서 브랜드는 높아져서 매출의 증가로 이어졌다.

이 글을 쓰고 있는 오늘도 상가 계약 두 건을 하면서 지난주 내내 아파트 계약과 상가 계약 오피스텔 계약을 계속 돌아가면서 반복적으로 하고 있다. 많은 공인중개사는 중개가 안 되고 고객이 없으며 전화가 안 온다고 한다. 어떻게 해야 할지 모르겠다. 공인중개사분들의 이야기를 듣고 있지만, 같이 팀을 이루면서 모임을 함께하는 공인중개사 대표님들은 계약하고 일을 하고 있다.

사무실에서도 계속 고객과 통화를 하고 임차 고객, 매수 고객, 상가, 아파트, 토지 관련된 고객들과 계속 소통하고 계약하는 일에 매진하고 있다. 이것은 하루아침에 이루어진 것이 아니다. 많은 노력과 많은 시간을 투자해서 만들어낸 결과물이다.

많은 공인중개사가 모여 이렇게 부동산 경기가 어렵다고 경기 탓을 하는 동안 같이 열심 유튜브를 하는 공인중개사는 고객이 많아 목이 아프다는 하소연을 하고 있다. 경기 탓을 하기보다는 어떻게 하면 잘 될까 어떻게 하면 성공할까 어떻게 하면 중개를 잘할까 이러한 이야기로 계속 소통하고 이야기한다.

사무실은 다른 사무실 이야기를 할 시간과 타이밍이 없다. 네 명이 근무하지만, 이 네 명과 눈을 마주치면서 서로 대화를 할 시간도 많지 않다. 최대한 점심을 같이 먹고 소통하고 이야기하고 싶지만, 젓가락을 들면서도 전화기는 한쪽에 계속 있다. 전화를 받으며 밥을 먹는 일이 많고, 먹는 내내 전화벨이 안 울린 적이 정말 없다.

이렇게 많은 고객과 서비스를 위해 노력을 하고 중개를 위해 매진하다 보니 저녁 9시 이후 이전에는 퇴근할 수가 없다. 해야 할 일도 많고, 블로그와 유튜브도 업로드해야 하며, 자료들도 정리해서 매도와 매수에 올려야 한다. 다양하게 해야 할 일이 너무 많아서 12시 이전에 퇴근한 날이 많지 않다. 목표는 11시 이전에 퇴근하는 것이다. 11시 전에 퇴근해서 일찍 자고 일찍 일어나, 출근을 9시 이전에 하려는데 그런 적이 별로 없다.

그렇게 하면서 세종시에서 영향력은 커졌고, 필자의 부동산 중개사무실 매출은 갈수록 높아져 갔다. 부동산 중개를 한다는 것은 어떻게 마케팅을 잘하느냐에 따라 달려 있다. 다양한 방법으로 광고해야 한다고 이야기하고 주장을 하는 사람 중의 한 사람이다.

물론 부동산을 잘 알아야 하기도 하지만 분야에서 어떠한 광고가 이 시장에서 먹히는지를 잘 파악해야 한다. 아파트 중개를 잘하려면 네이버에 매물 올리는 것을 잘해야 하고 상가 중개를 잘하려면 블로그를 잘 써야 한다. 컨설팅 등 다양한 분야를 잘하려면 전체적으로 유튜브를 잘해야 한다. 각 매물의 특징 광고의 방법 광고의 스킬은 너무나 다르다. 그걸 하나씩 해보고 나서 깨달은 그것을 전문 특화되게 직원들은 교육받았고 그렇게 특화해 그 분야로만 몰입하게 한다.

각 전문 분야의 매출과 광고의 비중을 어떻게 할 건지 등을 잘 알기에 매출을 높이는 데 도움이 많이 된다.

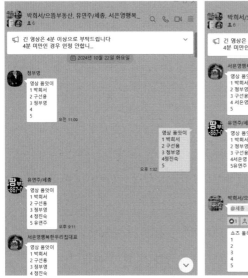
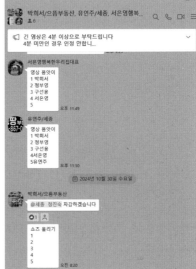

출처 : 저자 제공

박희서 대표(둔산더샵으뜸 공인중개사사무소)

2022년 11월, 33회 공인중개사 자격증을 취득하고, 2023년 2월에 중개업을 시작했다. 이제 막 2년이 채 되지 않은 초보 공인중개사다.

현재 일하고 있는 곳은 약 2,700세대 규모의 재건축 아파트 단지로, 2025년 2월에 입주가 예정된 곳이다. 이곳은 입주권과 분양권 거래가 활발한 지역이다. 처음 중개업을 시작했을 때는 네이버 광고나 워킹 고객을 기다리는 것 외에는 매수 고객을 찾기가 어려웠다. 다른 중개사무실에 고객이 있는 모습을 보거나, 우리 단지의 실거래가 계속 이루어지고 있는 것을 보면서 "다른 중개사무실은 계약을 잘하는데, 나는 도대체 뭘 하고 있는 거지?"라는 생각이 자주 들었다.

그때는 가끔 공사 현장 때문에 단기 원룸을 찾는 고객을 만나는 정도였고, 분양권 계약서는 써본 적도 없었다. 주변 중개사무실들도 계약서를 쓰는 일이 많지 않다는 이야기를 듣고 위안을 삼기도 했지만, 실거래가 계속 이루어지고 있다는 사실에 좌절하기도 했다. 이런 고민을 정진숙 대표님께 털어놓았고, 대표님은 "마케팅을 하면 고객이 온다"며 유튜브를 권하셨다.

유튜브를 혼자 운영하는 것이 부담스러웠지만, 대표님은 함께 스터디를 운영해보자고 제안하셨다. 그렇게 6명의 소규모 스터디가 시작되었다. 매주 정해진 날짜에 영상을 업로드하고, 업로드하지 못하면 벌금을 내는 단순한 규칙이었다.

스터디를 진행하면서 가장 힘든 점은 영상 제작이었다. 영상 소재를 찾고, 촬영하고, 편집하는 과정이 너무나도 어렵게 느껴졌다. 몇 분짜리 영상을 만들기 위해

몇 시간을 투자해야 하는 상황에서 초반에는 포기하고 싶은 생각도 들었다. 그러나 구독자 수가 점차 늘어나면서, 유튜브를 보고 문의 전화가 오기 시작했다.

주변의 오래된 중개사무실 대표님들은 주로 블로그를 많이 하시지만, 유튜브를 하는 분은 거의 없었다. 블로그는 글이 상위에 노출되기까지 시간이 오래 걸리고, 오래된 부동산 글에 밀리는 경우가 많다. 반면, 유튜브는 당장 내 지역을 검색해봐도 공인중개사가 운영하는 채널이 거의 없어, 조금만 노력해도 상위 노출이 가능했다. 또한 영상을 보고 직접 전화를 주신 고객들은 이미 필자에 대한 긍정적인 인상을 가지고 있기 때문에 계약으로 이어지기가 더 쉬웠다.

현재 필자는 하루에 최소 3~4통의 문의 전화를 받고 있으며, 한때는 월 매출 30만 원에 불과했는데, 지난 달 드디어 월 2,000만 원을 기록했다. 마케팅과 입소문 덕분에 자연스럽게 고객이 늘어나고, 계약으로 이어지는 모습을 보면서 주변 중개사무실에서도 인정해주기 시작했다.

마케팅의 필요성을 알고는 있지만, 실천이 어려운 분들에게 필자는 유튜브 스터디를 운영해볼 것을 적극적으로 추천드린다. 유튜브는 아직 블루오션이며, 특히 초보 공인중개사에게는 가장 효과적인 마케팅 도구라고 확신한다.

매주 줌 미팅하고
유튜브 활성화하기

매주 월요일 오전 9시, 전국의 공인중개사들과 줌 미팅을 진행하고 있다. 이 회의는 녹화되어 유튜브에 업로드되며, 이를 통해 유튜브 채널을 성장시키고 있다. 서울, 인천 등 다양한 지역에서 활동하는 공인중개사들과 함께 부동산 관련 주제로 원 포인트 강의를 하고, 고객들이 궁금해할 만한 질문들을 다루며 토론을 진행한다.

이 유튜브 채널을 활성화하기 위해, 우리는 전국의 분양 시장 및 다양한 부동산 관련 분야에 대한 정보를 공유하고 있다. 재개발, 재건축, 아파트, 상가, 다가구 등 여러 분야의 전문가들과 함께 현재 시장의 현황을 파악하고, 문제를 논의하며 해결 방안을 모색한다. 영상에는 모든 내용이 담기지는 않으며, 일부 중요한 정보만을 공개한다.

최근의 시대는 디지털 기술 덕분에 물리적인 장소에 구애받지 않고도 활동할 수 있는 좋은 시기이다. 줌 미팅을 통해 지방에서 활동하는 공인중개사들도 서울과 같은 대도시와 동일한 수준의 정보를 접하고 협업할 기회를 제공한다. 다양한 분야의 전문가들이 모여서 부동산 시장에 대한 깊이 있는 논의를 하는 것은 매우 중요한 작업이다.

고객들에게 원하는 지역에 전문 중개사를 소개하고, 그들과의 네트워크를 형성해 전국적으로 서비스를 제공하려고 노력하고 있다. 처음에는 이러한 활동이 큰 효과를 발휘하지 않을 수도 있지만, 시간이 지나면서 많은 변화가 있었고, 이를 통해 고객들에게 더욱 정확하고 신뢰할 수 있는 정보를 제공할 수 있게 되었다.

현재는 전국을 대상으로 부동산 중개업을 운영하고 있으며, 고객들에게 빠르고 정확한 정보를 제공하기 위해 꾸준히 노력하고 있다. 매주 월요일의 줌 미팅을 통해 얻는 정보와 교류는 매우 중요하며, 이 과정을 통해 서로 응원하고 힘을 주는 것이 큰 의미가 있다.

처음에는 불안할 수 있지만, 꾸준히 노력하는 것이 중요하다. 혼자서 하기 어려운 부분도 여러 사람과 함께하면 더 수월해질 수 있다. 향후 3년 이내에 누구도 따라올 수 없는 유튜브 채널을 만드는 것이 목표다. 이 채널이 향후 어떤 금전적인 보상을 가져다줄지는 모르지만, 필자는 오늘도 9시에 줌 미팅을 열고 다양한 주제로 영상을 제작하며 서로에게 힘을 주고 있다.

일주일이 매우 빠르게 지나가며, 하루가 24시간인 것이 아쉬울 때도 있다. 가끔은 쉬는 시간도 필요하지만, 목표로 하는 일들은 절대 놓지 않으려고 한다. 팀원들 간의 상호 응원과 격려는 큰 힘이 된다. 필자와 팀은 계속해서 미숙한 부분을 개선하며 최선을 다해 나아가고 있다.

이번 주에도 여전히 9시에 줌 미팅을 열고, 계속해서 성장해나갈 것이다.

마채현 대표(서울 신림동 미건부동산)

우리가 운영하고 있는 '한발빠른부동산TV' 채널이 벌써 5년이 되었다. 이 채널은 처음에 정진숙 대표님의 좋은 아이디어로 시작되었다. 대표님께서 우리처럼 부동산 중개업을 하는 사람들이 서로 도우며 함께할 수 있는 유튜브 채널을 만들자고 하셨고, 우리는 모두가 그 생각에 동의했다.

서울, 경기, 인천에서 활동하는 10명 정도의 공인중개사들이 유튜브를 운영하는 것도 배우고, 편집하는 것도 스스로 배워가며 꾸준히 유튜브에 영상을 올렸다. 그러다 1년 전부터는 부동산 경력이 10년에서 20년이 넘는 지역의 상가, 아파트, 토지, 공장 등 전문가들이 매주 월요일 밤 9시에 온라인상에서 줌으로 화상회의를 한다. 이 회의에서는 고객들이 궁금해할 만한 주제나 중개사들이 부족하다고 느낄 만한 부분을 정해, 자료를 준비하고 토론한다. 그리고 그 내용을 그대로 유튜브에 올리는 것이다.

부동산 중개업을 10년 이상 해왔다면 이제는 충분하지 않냐고 생각할 수도 있지만, 우리는 그렇지 않다고 생각한다. 우리는 더 멋진 공인중개사가 되길 바라고, 어제의 나보다 오늘의 내가 조금 더 나아지길 원한다. 그래서 서두르지 않고 한 걸음씩 함께 나아가는 것이다. 혼자 하면 외롭고 힘들지만, 함께하면 서로 격려해주고 도와주면서 계속 나아갈 수 있다고 생각한다.

아파트, 상가, 토지, 공장 등 여러 분야에서 1등을 자부하는 중개사들도 매주 주제를 준비하고 토론하면서 실질적으로 도움이 되는 아이디어와 고객과 공감할 수 있는 방법들을 서로를 통해 배운다.

이렇게 우리는 부동산 중개업을 통해 살아있다는 느낌을 받는다. 우리의 사명과 가치관을 실천하며 고객의 가장 가까운 곳에서 고객의 삶을 담당하는 삶터, 일터를 마련하고 처분하면서 부동산 자산을 키워가는 일을 하는 것이 정말 행복하다. 중개업을 계속하는 한 우리는 앞으로도 계속 나아갈 것이다.

전국의 시장을 볼 수 있는
안목을 키우자

빅데이터 공부와
공인중개사의 역할

부동산 시장을 깊이 이해하기 위해서는 끊임없는 학습이 필요하다. 개인 투자자들은 방대한 양의 데이터를 분석하고, 그들의 용어를 이해하기 위해 많은 노력을 기울인다. 중개사로서도 이러한 흐름에 따라가려면 지속적인 공부가 필수적이다. 하지만, 중개업에 종사하다 보면 시간 부족과 업무의 다수로 인해 공부가 쉽지 않을 때가 많다. 특히, 그래프나 표를 잘 인식하는 데 어려움을 느끼는 경우도 있다.

최근에는 빅데이터와 AI 관련 강의를 열심히 듣고 있지만, 아직 완전히 익숙해지지 않았다. 그러나 기본적인 방향과 습관은 꾸준히 익히고 있으며, 이를 통해 전국의 부동산 시장 흐름과 현황을 이해하려고 노력하고 있다. 이러한 공부는 고객들에게 원하는 지역의 부동산 정보를 제공하고, 매물의 매각 및 투자 방향에 대해 소통할 때 중요한 역할을 한다.

단순히 중개 업무를 넘어서 전문가로서 자리 잡기 위해서는 빅데이터와 AI의 활용이 필요하다. 이를 통해 얻은 정보는 고객에게 더 정확하고 가치 있는 정보를 제공할 수 있게 한다. 때로는 새로운 기술이나 자료를 다루기가 어렵고 서툴 수 있지만, 젊은 공인중개사들과의 소통을 통해 도움을 받고 있다. 그들에게는 최신 기술이나 자료에 대한 이해도가 높기 때문에, 그들의 경험과 지식을 통해 많은 것을 배울 수 있다.

상호 보완적인 관계를 통해 부족한 부분을 채우고 있으며, 젊은 공인중개사들에게도 좋은 방향으로 힘을 실어주기 위해 노력하고 있다. 이렇게 빅데이터와 AI를 활용하면서 전국 부동산 시장의 흐름과 현황을 파악하는 데 많은 시간과 노력을 기울이고 있다.

부동산 중개업에 종사하는 모든 공인중개사는 단순히 자신의 지역만을 고려하지 말고, 더 넓은 시야와 안목을 가지고, 접근해야 한다. AI와 빅데이터 시대의 경쟁에서 우위를 점하기 위해서는 이러한 자료를 활용하고 읽는 능력을 길러야 한다. 이를 통해 현업에서의 업무를 더욱 효율적으로 수행하고 시간을 절약할 수 있는 다양한 방법들을 찾아낼 수 있다.

비록 전자기기에 익숙하지 않고, 로봇 청소기조차 잘 다루지 못하지만, 부동산 중개업에서는 이러한 기술들을 활용하려고 노력하고 있다. 어려운 부분이 있더라도 꾸준히 배우고 따라가면서 전문가로 성장하기 위해 힘쓰고 있다. 연령대나 기준과 관계없이, 데이터와 기술을 잘 활용하는 것이 성공적인 중개사로서의 길을 열어줄 것이다.

따라서 공인중개사로서의 성공을 원한다면 빅데이터와 AI를 놓치지 말고, 꾸준히 배우며 좋은 방향으로 컨설팅할 수 있는 역량을 기르는 것이 중요하다.

02

투자자들의 심리를 읽는
재테크 방 활동하기

부동산 중개업의 시장을 넓히기 위해서는 다양한 정보와 소스를 활용하는 것이 중요하다. 이를 위해 여러 재테크 방과 관련 사이트를 자주 방문하며, 그곳에서 투자자들의 패턴과 방향성을 파악하고 있다. 이를 통해 유용한 정보를 취득하고, 이를 블로그와 유튜브 콘텐츠로 활용하고 있다.

대부분의 공인중개사는 자신의 부동산에만 집중하는 경향이 있다. 하지만 재테크 방과 같은 커뮤니티에서 얻은 정보를 적극 활용해야 한다. 이러한 커뮤니티에서는 투자자들의 생각과 방향성을 이해하고, 이를 통해 고객과의 상담 시 공감대를 형성하며 다양한 이야기를 나누고 있다.

재테크 방에서는 초보 투자자부터 전문가까지 다양한 사람들이 활동하고 있다. 이러한 커뮤니티에서 도움을 주고받으면서, 필자 역시 투자자들을 위한 재테크 방을 운영해 다양한 방법으로 소통하고 있다. 예를 들어, 오픈 채팅방을 통해 급매물 정보를 제공하거나, 밴드를 활용해 급매물 위주로 안내하는 방식으로 고객과의 접점을 늘리고 있다.

요즘은 전화나 일일이 연락하는 방식보다는 오픈 채팅방, 오픈 룸 등 다양한 온라인 방법을 통해 소통하고 있다. 이러한 방법을 통해 매도와 매수가 동시에 이루어지는 상황을 만들어내고 있다. 또한 부동산 중개업에 있어서는 고객들에게 좋은 정보를 제공하고 다양한 매물을 소개할 수 있는 네트워크 방을 운영하는 것이 중요하다고 생각한다.

부동산 중개업을 하면서 지역에 대한 이해가 중요하지만, 다른 지역에 대한 관심과 이해도 필요하다. 자신이 알고 있는 지역을 넘어서 다른 지역의 동향과 시장 상황을 파악해, 고객들에게 더욱 넓은 시야를 제공할 수 있어야 한다. 이를 위해 다양한 재테크 방과 커뮤니티에서 얻은 정보를 바탕으로 다른 지역의 투자 가능성과 시장 흐름을 이해하고, 이를 통해 고객들에게 더 나은 서비스를 제공할 수 있다.

결론적으로, 재테크 방과 같은 다양한 커뮤니티를 활용하고, 이를 통해 얻은 정보를 바탕으로 고객들과의 소통을 강화하며, 다른 지역에 대한 이해를 높이는 것이 부동산 중개업에서의 성공적인 전략이라고 생각한다.

전국 시장
탐방 투어하기

코로나19 발생 전, 필자는 전국의 신도시와 상권을 탐방하는 투어를 진행했다. 매주 토요일 출발해 일요일에는 전국 각 지역을 방문하며, 해당 지역의 공인중개사로부터 브리핑을 받고, 서울에서 제주도까지 다양한 신도시를 탐방했다. 이 과정에서 우리나라의 상권 변화와 지역 동향을 직접 보고 듣고 배웠다.

이러한 탐방은 힘들고 지치기도 했지만, 그 과정에서 얻은 유대관계와 중개사들과의 소통은 매우 값진 경험이다. 그러나 시간이 지나면서, 방문했던 지역의 상권 변화와 정보를 체계적으로 기록해두지 않았던 것이 아쉬웠다. 당시에는 세부적인 변화나 정보를 잘 정리하지 못해, 현재 그 지역들을 다시 방문했을 때 변화를 명확히 파악하기 어려운 상황이 되었다.

이러한 경험을 바탕으로, 이제는 방문한 지역에 대한 자료를 체계적으로 정리할 필요성을 느끼고 있다. 예를 들어, 각 지역의 사진, 방문 일자, 시간대 등을 상세히 기록해두고, 일정 기간 후에 다시 방문해 변화된 모습을 비교하는 방안을 마련하고자 한다. 과거의 정보를 정확히 알고 있어야 미래를 예측할 수 있기에, 이러한 기록은 향후 유용할 것이다.

현재는 일정과 스케줄상 직접 탐방하기 어려운 상황이지만, 앞으로는 가능한 한 시간을 내어 방문한 지역의 정보를 기록하고 정리하는 것이 중요하다고 생각한다. 이를 통해 부동산 중개업에서 고객들에게 과거와 현재, 미래를 비교해 설명할 수 있는 기반을 마련할 수 있다.

결론적으로 신도시나 개발 지역을 방문할 때마다 세부 사항을 기록해 과거와 현재의 변화를 명확히 파악하고, 이를 바탕으로 고객에게 더욱 정확하고 신뢰성 있는 정보를 제공하는 것이 중요하다. 이러한 자료화 작업을 통해 공인중개사로서 더 나은 분석과 컨설팅을 제공할 수 있을 것이다.

지역 신문에 내가 거래한
업체 홍보하기

    부동산 중개업을 하다 보면 활동 영역이 점점 넓어지는 것을 경험하게 된다. 특히 최근에는 유튜브의 영향력이 커지면서, 전문 공인중개사로서 확고한 입지를 다지게 되었다. 이런 변화로 인해 다양한 활동 기회가 주어지고 있으며, 지역 신문을 통한 홍보가 큰 역할을 하고 있다.

    판매하고자 하는 상품과 분양 상품들을 지역 신문을 통해 홍보함으로써, 전국적으로 도움을 받고 있다. 우연한 기회에 활동량이 넓어짐으로써 얻은 이 기회를 활용해 같은 방향으로 나아가면 좋은 영향력을 받을 수 있다. 광고와 마케팅은 특정한 장소에 국한되지 않는다. 여러 광고 매체를 사용하면 시간과 비용이 많이 들지만, 그 비용 대비 효율성을 계산하면 블로그와 유튜브를 활용해 나의 브랜드를 확산시키는 것이 효과적이다.

    마케팅의 힘과 필자의 브랜드가 점점 구축되어 가고 있다는 것을 느끼며, 최근에는 다양한 매체에서 강의를 진행하고 있다. 강의를 듣고 배운 내용을 그대로 활용해 실천하는 것이 중요하다고 생각한다. 현장에서 활용할 수 있도록 체득해 꾸준히 실천하는 것이 성공의 열쇠다.

주변의 공인중개사들은 직원들에게 업무를 맡기기 때문에 시간 여유가 많다고 말하지만, 필자는 토지 중개를 담당하며 현장을 돌아다니고 있다. 직원에게 의존하지 않고 스스로 계약을 성사하고 일을 한다. 매일 늦은 시간까지 일을 하며, 제시간에 해야 할 업무를 모두 처리하지 못하고 퇴근하는 날도 있다. 이러한 상황에서 시간을 효율적으로 활용하고 목표를 달성하기 위해 노력하고 있다.

지역 신문을 운영하면서 거래한 상가와 매장들을 홍보하고, 지역 신문에 광고를 게재해 필자의 수입을 창출하고 있다. 다양한 일을 재미있게 시간이 날 때마다 틈틈이 하며, 필자를 필요로 하는 곳을 찾아내는 것이 중요하다고 생각한다.

따라서 활동을 계속 확장하고, 지역 신문과 같은 다양한 매체를 활용해 부동산 중개업에서 탑이 되기를 바라고 있다.

전국 네트워크에
무조건 참여하기

오늘도 전국 네트워크 구축을 위해 노력하며, 고객과 상담을 진행한다. 고객이 소개받은 공인중개사 대표님들을 만나 보면, 정말 열정적이고 시간과 에너지를 아끼지 않는 분들을 만나게 된다. 이런 분들과의 만남은 많은 도움을 주며, 그들의 도움에 대해 감사의 인사를 받곤 한다. 전국에 네트워크를 형성하고 있으며, 이를 통해 다양한 지역의 중개사들과 연결되어 있다.

전국 시장에서 큰 활동을 하지 않더라도, 교육기관을 통해 알고 있는 중개사들은 전국에 분포해 있기 때문에, 어느 지역에서든지 중개업을 하는 분들과 네트워크가 형성되어 있다. 이를 통해 필요한 정보를 수집하고, 고객들에게 양질의 서비스를 제공할 수 있도록 노력한다. 물론, 공동중개를 진행하지는 않는다. 그 지역은 단독중개를 해줘야 필자의 고객이 좋은 매물을 확보하기에 필자는 단독중개를 요청하는 대신 정말 좋은 매물을 추천해달라고 부탁한다.

각 지역에서 좋은 매물을 찾기 위해 그 지역 내의 중개사들과 공동중개를 통해 고객에게 최적의 매물을 제공하고자 한다. 목표는 고객이 잘 알지 못하는 지역의 물건을 보내는 것이 아니라, 해당 지역 내에서 공동중개를 통해 좋은 매물을 찾아주는 것이다. 이러한 방식은 제 고객이 우수한 매물을 확보할 수 있는 기준이 되며, 매도를 빠르게 할 수 있는 노하우이기도 하다.

지역 대표님들과의 지속적인 소통을 통해 고객을 그 지역으로 보내고, 그들이 전적으로 나서주는 도움을 받으며 고객의 만족도를 높이고 있다. 이처럼 전국적인 네트워크를 형성하기 위해 많은 노력을 기울였고, 그 결과로 고객이 원하는 지역에 대한 정보를 제공하며 만족스러운 서비스를 할 수 있게 되었다. 요즘 고객들은 단순히 특정 지역만을 원하는 것이 아니라, 전체적인 시장 흐름과 투자 방향성을 알고 싶었다. 이런 흐름에 맞춰 다양한 지역의 공인중개사들과 협력해 고객에게 양질의 서비스를 제공할 수 있음을 감사하게 생각한다.

전국적인 네트워크 외에도, '플러스 연합채널'이라는 유튜브 채널을 운영하며, 필요한 광고와 홍보를 함께 진행하고 있다. 이 채널 덕분에 다양한 매물과 정보를 전국적으로 광고할 수 있는 힘을 갖추게 되었다. 이를 구축하기 위해 지난 5년간 많은 노력을 기울였고, 그 결과 지금은 유튜브를 활용한 홍보와 광고를 통해 또 다른 수익을 창출하고 있다.

부동산 중개업에 있어 지역을 넘어서 전국적인 네트워크를 갖추는 것이 중요하다. 이는 단순한 지역 중개를 넘어서는 파워를 제공한다. 필자가 이루어낸 성과와 노력을 바탕으로, 전국적인 네트워크를 활용해 더 큰 성과를 이루어가기를 기대한다.

미래의 부동산 시장 분석과
중개업의 트렌드 변화

직거래 시장을
돌파할 수 있는 방법 찾기

정보화 시대에 접어들면서 부동산에 관한 많은 지식을 가진 중개 고객들이 늘어나고 있다. 이런 고객들에 맞춰 공인중개사의 지식과 전문성도 계속해서 발전해야 한다. 그러나 고객의 지식수준에 따라 공인중개사가 따라가지 못하는 상황도 종종 발생한다. 이럴 때, 어떻게 해야 할까? 그 답은 고객보다 더 많이 알고, 그 지식을 바탕으로 설득력 있게 설명하는 것이다.

현재도 직거래 프롭테크가 많이 있으며 직거래할 수 있는 상황들이 많이 있기에 공인중개사 우리는 다르게 중개해야 한다. 그중의 방법으로는 특수매물의 중개를 하거나 직거래 시장에서 일어날 수 있는 위험 요소들을 명확히 알고 있어 직거래하는 고객들에게 설명하고 설득할 수 있는 전문성이 있어야 한다.

누구나 할 수 있는 쉬운 부동산 상품을 중개 대상으로만 보지 말고 특수한 상품을 개발하면서 공부를 병행해 앞으로의 시장에 대응해야 한다. 그렇지 않으면 우리는 살아남을 수 없다. 앞으로 더 활성화될 직거래 시장에서 영향력 있는 마케팅과 브랜드를 구축하면서 한발 앞서 시장을 바라보고 있어야 한다.

공동중개를 하면서 특약이 수정되거나 변경되는 경우, 해당 중개사무실 고객의 요청을 수용하고 있다. 굳이 같이 일을 하는 공동중개 중개사무실과 분쟁을 하거나 내가 특약이 맞다고 우기고 하는 행위는 하지 않는다. 공동중개 중개사무실에 철저히 권한을 주고 관여하게나 굳이 따지지 않는다. 단, 고객이 원하면 수정을 요구한다. 많은 상황을 법의 테두리를 받고 있기에 법의 적용을 받자는 것이 필자의 생각이기에 특약을 가지고 내가 잘 안내하면서 공동중개 상대를 면박을 주거나 의견을 제시하지 않는다. 그냥 서로의 중개 계약서 작성하는 것을 인정하고 받아들이면서 같이 협업해서 일을 마무리하는 것을 중요시한다.

이러한 잘 알고 있는 고객들을 효과적으로 대응하기 위해서는 명확한 기준을 갖추고, 전문성을 높이는 것이 필수적이다. 부동산 중개업은 생각보다 어려운 일이며, 최근 취업한 공인중개사들이 사무실을 방문해 열정과 함께 많은 질문을 던진다. 브리핑 방법, 물건 접수, 고객 대응 등 여러 가지를 배우는 과정에서, 현실적인 문제를 간과하지 않아야 한다.

예를 들어, 상가의 임대료를 명확히 알고 있는 상태에서 일을 해야 한다. 금액을 정확히 명시하지 않으면, 거래 성사율이 낮아질 수 있다. 브리핑을 잘하는 것도 중요하지만, 현실적인 사항을 명확히 파악하고 이를 고객에게 잘 전달하는 것이 중요하다.

02

많은 지식을 가진 고객에게
대응하는 전략

　정보화 시대에 접어들면서 부동산에 대한 지식을 갖춘 고객들이 많아졌다. 이러한 고객들에 맞춰 공인중개사도 지식과 전문성을 갖추어야 하지만, 종종 이를 따라가지 못하는 경우가 생긴다. 이럴 때 어떻게 대응해야 할까? 답은 고객보다 더 많이 알고, 그 지식을 바탕으로 고객을 설득하고 납득시킬 수 있어야 한다.

　오늘도 상가 계약을 진행하면서 가장 낮은 금액으로 계약을 체결한 사례가 있었다. 임차인은 가장 높은 금액으로 계약한 상가의 특약보다 낮은 금액으로 계약하는 상가의 특약을 더 많이 요구했다. 이 임차인은 각종 유튜브와 블로그에서 수집한 정보로 특약 리스트와 번호를 제공해 달라고 요청했다. 협의와 설득을 통해 필요한 특약을 정리하고, 불필요한 부분은 걸러내다 보니 계약 시간이 길어졌다. 이는 정보성 글과 유튜버들이 법적으로 필요한 것처럼 보이는 특약들을 제시하면서 발생하는 문제다.

이런 상황에서 임차인과 임대인을 설득해 법적으로 보호받을 수 있는 범위 내에서 특약을 한정하며 진행하는 것이 중요하다. 그렇지 않으면 현장에서 고객에게 끌려가는 상황이 발생할 수 있다. 고객의 지식수준이 높을 때는 다양한 방법을 통해 끝까지 대응하는 것이 필요하다. 필자는 많은 특약을 제시하는 고객들에게 설득하며 고객의 눈높이에 맞춰 설명하고 있다. 그러나 공동중개를 할 때 특약이 수정되거나 변경되는 경우, 해당 중개사무실 고객의 요청을 수용하고 있다.

이렇게 잘 알고 있는 고객들에게 효과적으로 대응하기 위해서는 명확한 기준을 세우고, 전문성을 높이는 것이 필수적이다. 부동산 중개업은 생각보다 어려운 일이 많으며, 최근 취업한 공인중개사들이 사무실을 방문해 열정적으로 다양한 질문을 던진다. 브리핑 방법, 물건 접수, 고객 대응 등 많은 질문이 있지만, 현실적인 문제를 간과하지 않아야 한다.

예를 들어, 상가의 임대료를 명확히 알고 있는 상태에서 업무를 수행해야 한다. 금액을 정확히 명시하지 않으면 거래 성사율이 낮아질 수 있다. 브리핑을 잘하는 것도 중요하지만, 현실적인 사항을 명확히 파악하고 이를 고객에게 잘 전달하는 것이 중요하다.

나만의 전문 분야를 선택하고
전문성을 키우자

부동산 중개업에 22년 이상 종사하면서 느낀 점 중 하나는, 다양한 분야를 알게 되는 것이 좋은 점도 있지만, 특정 전문 분야를 명확히 갖는 것이 더 중요하다는 것이다. 특히 부동산 중개업에 막 입문한 분들이라면, 어떤 전문 분야를 선택하고 그 분야에서 전문성을 키우는 것이 중요하다.

부동산 중개업에서 성공적인 사례를 보면, 오피스텔, 상가, 아파트, 토지 등 각기 다른 분야에 전문화된 중개사들이 있다. 예를 들어, 오피스텔을 전문으로 해서 월 수익을 1,000만 원 이상 달성하는 중개사, 상가를 전문으로 해서 같은 성과를 이루는 중개사, 아파트나 토지를 전문으로 하는 중개사 등이 있다.

현재 우리 사무실에도 아파트, 토지, 상가 등 각 분야의 전문 공인중개사들이 있으며, 필자는 이들을 총괄하는 부동산 전문가다. 전문 분야를 잘 다루고 그 분야를 명확히 하는 것은 매우 중요하다. 특히 부동산 중개업을 새로 시작하는 분들에게는 특수물권이나 특수상품을 취급하는 것이 좋다.

요즘 관심을 두고 공부하고 있는 분야는 토지 개발과 관련된 시행 쪽이다. 토지 시행 분야를 깊이 공부하고, 현재는 이와 관련된 업무를 진행하고 있다. 전문 분야를 활성화하고 특화된 전문가가 된다면, 다른 부동산 분야와 과도한 경쟁 없이 높은 매출을 올릴 수 있을 것이다.

특히 상가 부동산 재개발, 재건축 등 다양한 분야에서 전문성을 갖춘 분들이 많이 있다. 하나의 전문 분야를 깊이 파고들어 그 분야에서 전문가로 자리 잡는 것이 좋다. 필자는 사무실에 들어오는 초보 공인중개사에게 오피스텔 임대와 매매를 순차적으로 권장한다. 오피스텔은 매물 확보와 고객 확보가 비교적 쉬우며, 전세, 월세, 매매까지 부동산의 흐름을 파악할 수 있는 좋은 기준이 된다.

부동산 거래의 흐름과 체계를 명확히 이해한 후에는 전문 분야로 전환해 그 분야의 상식과 전문 지식을 활용할 수 있는 스킬을 배워야 한다. 기본적인 부동산 거래의 흐름을 모르고 특수상품이나 전문 분야에 바로 투입된다면 현장에서 어려움을 겪을 수 있다.

사실, 오피스텔 중개는 수수료가 낮아 초기에는 중개업의 어려움을 느낄 수 있지만, 이 과정을 통해 중개업의 기본을 익히고 나중에 고소득을 창출하는 데 도움이 된다. 따라서 기본적인 원룸, 투룸, 오피스텔의 중개와 매매를 어느 정도 마스터한 후, 전문 분야로 나아가는 것이 바람직하다.

부동산 전문 분야에는 상가, 토지 외에도 다양한 특수상품이 있다. 예를 들어, 모텔만 전문으로 하는 중개사, 유아 시설만 전문으로 하는 중개사 등이 있다. 이러한 세부 영역의 전문가는 많은 고수익을 창출할 수 있는 기준이 됩니다. 하나의 분야에서 전문성을 키우는 데는 최소 3년 정도가 필요하다. 이는 부동산 계약의 주기가 2년이기 때문에 2년이 지나야 계약의 변화와 물건의 변화를 잘 파악할 수 있기 때문이다.

그 3년 동안에는 단순히 시간을 보내는 것이 아니라, 전문 분야에 대한 공부와 연구를 통해 스킬과 노하우를 쌓아야 한다. 현재 필자가 관심을 가지는 분야는 산업단지 용지의 전문 분양이다. 이렇게 특색 있는 전문 분야에 몰입하면 업무의 깊이가 더해지고 성공할 가능성이 커진다.

부동산 중개업을 처음 시작하는 분들에게는 전문 분야나 특수상품을 통해 전문가가 되길 추천한다. 초기에는 기본적인 수익을 창출하며, 이후 전문 분야에 집중하면 안정적인 수입을 확보할 수 있다. 3년 동안은 겸업하면서 열심히 노력해야 하며, 이를 통해 부동산 시장에서의 경쟁력을 높일 수 있을 것이다.

다양한 분야의
부동산 플랜 세우기

부동산 분야에서도 체계적인 플랜이 필요하다. 경험에 따르면, 부동산 중개업에서 성공적인 경로를 설정하기 위해서는 다음과 같이 단계적으로 접근해야 한다.

초기 3년 : 기초 다지기 처음 3년 동안은 원룸, 투룸, 오피스텔 등 다양한 분야를 경험하며 기초를 다졌다. 이 시기에는 여러 분야의 시장을 접하고 거래의 흐름을 이해하는 것이 중요하다. 다양한 매물을 다루면서 고객의 요구와 시장의 동향을 파악하는 데 중점을 두었다.

다음 3년 : 전문화의 시작 3년이 지난 후에는 아파트 중개를 중심으로 전문성을 키우기 시작했다. 이 단계에서는 아파트 분야에서의 깊이 있는 지식을 쌓고, 해당 분야에서 신뢰를 구축하는 데 집중해야 한다. 아파트 중개에서 얻은 경험을 통해 더 나은 서비스를 제공하고, 전문성을 인정받게 된다.

6년 차 이후 : 분야 확장 6년 차부터는 다가구 매매, 상가 임대, 상가 매매 등으로 활동 범위를 확장했다. 이 시기에는 다양한 분야에서의 경험을 바탕으로 복합적인 거래를 진행하며 부동산 시장에서의 입지를 공고히 했다.

8년 차 이후 : 신도시와 시행 분야 8년 차부터는 신도시인 세종시로 진출해 원주민 권리, 분양권, 토지 보상 등 새로운 분야를 전문으로 했다. 이 단계에서는 신도시의 특성과 시장 상황을 이해하고, 관련 거래와 절차를 숙련되게 다루며 전문성을 더욱 강화했다.

현재 : 시행과 분양 현재는 토지의 시행과 분양을 전문적으로 다루며, 부동산의 상위 레벨에서 활동하고 있다. 이 시기에는 시행과 분양에 관한 깊이 있는 지식을 바탕으로 복잡한 거래를 성공적으로 수행하고 있다.

이렇게 하나하나 단단하게 기초를 다져 나가는 것이 중요하다. 최근에는 유튜브와 같은 플랫폼을 통해 전문성을 과시하는 경우가 많지만, 경험이 부족한 상태에서 전문가처럼 행동하면 고객에게 피해를 줄 수 있다. 유튜브를 통해 전문성을 과시하며 많은 구독자를 얻는 것보다는, 실제로 경험과 기초를 갖춘 후에 전문성을 인정받는 것이 바람직하다.

진정한 전문가는 단순히 외형적으로 보이는 것이 아니라, 탄탄한 기초와 실질적인 경험을 바탕으로 전문성을 갖추어야 한다. 상승장에서는 누구나 성과를 낼 수 있지만, 하락장에서도 안정적으로 매출을 유지하며 계약을 성사시키는 것이 진정한 전문성과 고수의 지표다.

부동산 경험이 부족한 중개사들은 귀가 얇아 다른 사람의 의견에 쉽게 영향을 받을 수 있다. 이럴 때는 자신의 주관을 확립하고, 타인의 의견에 지나치게 흔들리지 않는 것이 중요하다. 예를 들어, 내가 토지나 상가에 대한 경험이 부족하다고 해서 무리하게 공부에 몰두하거나, 사무실의 고객을 소홀히 하면서 다양한 분야를 시도하는 것은 바람직하지 않다.

필자가 교육생들에게 항상 조언하는 것은 남의 의견에 지나치게 의존하지 말고 자신의 주관을 명확히 세우라는 것이다. 학원 수업이나 강의를 무작정 따라가는 것보다는 실질적으로 유용한 지식을 쌓고 고객에게 실질적인 가치를 제공하는 것이 더 중요하다.

부동산 중개업에서는 자신만의 계획을 세우고, 그 계획에 따라 꾸준히 노력하는 것이 중요하다. 초기에는 기본적인 수익을 확보하고, 이후에는 전문 분야에 몰입해 전문성을 높이는 것이 좋다. 마케팅 또한 내가 잘 할 수 있는 분야를 먼저 완벽하게 마스터한 후, 다른 분야로 확장하는 것이 효과적이다.

부동산 중개업을 하려는 분들은 부동산 생애주기처럼 중개주기를 작성하고, 그 시간이 흐를 때까지 최선을 다해 몰입해야 한다. 계획된 플랜을 가지고 일하고, 공부도 그 플랜에 맞추어 진행하는 것이 성공적인 경로를 만드는 데 도움이 될 것이다.

전문가가 되는 길은 단순히 외형적인 이미지가 아니라, 실질적인 경험과 깊이 있는 지식, 체계적인 계획이 바탕이 되어야 한다. 벼는 익을수록 고개를 숙인다는 말처럼, 진정한 전문가는 자신의 지식을 겸손히 다듬어가며, 고객에게 신뢰를 주는 것이 중요하다.

시대의 변화에
대처하기

부동산 시장은 끊임없이 변화하고 있다. 최근에는 부동산 경기의 어려움과 거래량 감소로 인해 분양 시장에서 활동하던 많은 분이 본업으로 돌아가거나 다른 업종으로 전향했다. 그 자리를 채우고 있는 것은 바로 공인중개사들이다. 이제는 공인중개사들이 다양한 분양 의뢰와 물건을 중개하며, 중개 방식과 트렌드도 변화하고 있다.

부동산의 본질이나 시스템은 크게 변하지 않았지만, 고객의 니즈와 세대, 취향, 그리고 수준은 변화하고 있다. 따라서 우리 공인중개사들도 시대에 맞는 대응을 해야 한다. 그렇다면 시대에 맞는 공인중개사로서 어떻게 대처해야 할까?

먼저, 현재의 트렌드를 파악하고 흐름에 맞춰 중개 업무를 수행해야 한다. 요즘의 젊은 공인중개사들은 빠르고 스마트하게 중개를 진행하고 있다. 예전에는 젊은 나이로 인해 신뢰를 얻기 어려운 경우가 있었지만, 이제는 젊은 공인중개사들이 혁신적이고 효율적인 방법으로 업무를 수행하고 있다. 필자 또한 젊은 시절에는 나이와 경력 부족으로 인한 불안감이 있었지만, 끊임없는 학습과 노력으로 이를 극복해왔다.

세종시 나성동처럼 젊은 공인중개사들이 많이 활동하는 지역에서는, 나이 든 공인중개사들도 시대에 맞춰 스마트하게 일하는 것이 중요하다. 나이 든 공인중개사가 과거의 방식을 고수하며 꼰대처럼 행동하면 고객의 신뢰를 얻기 어렵다. 따라서 외모를 가꾸고, 최신 중개 기법을 개발하며, 시대에 맞는 서비스를 제공하는 것이 필요하다.

부동산 중개업의 시장은 빠르게 변화하고 있으며, 공인중개사들의 인식과 시스템도 발 빠르게 변화해야 한다. 많은 사람이 공인중개사 직업에 대해 정년이 없다고 생각하지만, 실제로는 55세를 은퇴 목표로 하고 있다. 이후에는 개발과 시행 업무에 집중하며 젊은 공인중개사들에게 지원을 아끼지 않으려 한다.

연령대가 어려지고, 매매하는 수요 고객층도 점점 젊어지고 있기 때문에, 그에 맞춰 스마트하게 대응하는 것이 필요하다. 나이 든 공인중개사들이 고수의 이미지에 갇혀 시대의 흐름을 놓치면 도태될 수밖에 없다. 그래서 필자는 젊은 공인중개사들과 협력해 최신 기법을 배우고, 제 경험과 노하우를 전달하며 윈윈(Win-win)하는 전략을 채택하고 있다.

젊은 공인중개사들은 경험이 부족할 수 있으며, 사건이나 사고에 대응하는 능력이 부족할 때가 있다. 이럴 때는 경험이 풍부한 공인중개사들과 협력해 문제를 해결하는 것이 좋다. 서로의 강점을 살려 서로 도움이 되는 방향으로 업무를 진행하고 있다.

또한, 시대의 변화에 가장 먼저 적응해야 할 부분 중 하나는 전자계약이다. 전자계약의 장점은 금리 인하 등과 같은 혜택을 임차인이나 매수인에게 어필할 수 있고, 비대면 시대에 맞춰 문자나 전화로 소통하는 고객들의 니즈를 충족시킬 수 있다. 오늘도 전자계약을 진행하며, 스마트하게 시대의 흐름에 맞추어 업무를 진행하고 있다.

결국, 시대의 흐름을 따라가고 트렌드를 읽는 것은 부동산 중개업에서 성공적인 경로를 만드는 데 필수적이다. 우리는 끊임없이 배우고 익히며, 시대의 변화에 맞춰 적절히 대응해가야 한다.

부동산 중개도
평생 교육이 필요하다

부동산 강의도
나에게 맞는 것을 듣자

부동산 분야에서도 적절한 교육을 받는 것이 중요하다. 현재 시대의 흐름과 정보 공개로 인해 많은 공인중개사가 공부의 필요성을 인식하고 있지만, 어떤 공부를 해야 할지 모르는 경우도 많다. 그럼에도 불구하고 공부를 열심히 하려는 분들이 많다.

최근 공동중개를 진행한 부동산 중개사무실 대표님과 점심을 함께하며 이야기를 나누었다. 그분은 공인중개사 자격증을 취득한 이후로 새벽 2시 이전에 잠을 자본 적이 없다고 했다. 공부를 열심히 하며 세무에 대한 깊은 지식을 쌓아가고 있는 상황에서, 매물도 많이 접수되고 매수인도 많아 거래가 활발히 이루어지고 있다.

그러나 이분께 어떤 공부를 하는지 물어보니 "이것저것 다 한다"라는 답변을 들었다. 이 경우, 필요한 공부의 방향성을 잡지 못하고 있는 것처럼 보인다. 공부는 무조건 많이 하는 것이 아니라, 현재 내가 활동하는 분야에서 필요한 공부와 추후 활용할 공부를 구분해 집중적으로 해야 한다.

부동산 세무에 대한 공부는 특히 중요하다. 주택 거래를 하는 현장에서 세무와 주택임대사업자 관련 지식을 철저히 익히는 것이 필요하다. 많은 공인중개사가 유튜브를 통해 공부하고 있지만, 전문 강사의 강의를 듣는 것이 훨씬 효과적이다. 유튜브를 운영하고 있지만, 검증된 강사의 강의만을 듣는다. 그 이유는 유튜브에서는 이미 알고 있는 내용을 반복하는 경우가 많아 시간을 낭비할 수 있기 때문이다.

세무 관련 강의를 연 4회 이상, 세무사들의 강의를 듣는다. 공인중개사로서 필요한 세무 지식을 충분히 갖추기 위해, 한 가지 강의를 반복해서 듣고 이해가 부족한 부분은 다시 수강한다. 한 해 동안 1년 이상 반복해서 수강한 강의도 있다. 이처럼 강의는 한 번 듣고 끝내는 것이 아니라, 이해할 때까지 반복해서 들어야 한다.

부동산 마케팅 강의도 마찬가지다. 다양한 마케팅 강의가 있지만, 공인중개사로서 성공적인 마케팅을 위한 강의를 들어야 한다. 경험이 풍부한 공인중개사들이 운영하는 강의를 선택하고, 그 노하우를 배우는 것이 중요하다.

22년간 수많은 강의를 들으면서 많은 것을 배웠다. 하지만 강의는 한정된 시간 안에서 효율적으로 들어야 하므로, 강의를 듣는 시간과 복습할 시간을 잘 계획하는 것이 필요하다. 또한, 현장에서 실제로 활용할 수 있는 강의를 선택해야 한다.

현재 토지 분야로 영역을 확장하고 있으며, 관련된 강의와 도서를 꾸준히 읽고 있다. 이해가 부족한 부분은 반복해서 수강하며, 블로그에 정리하고 유튜브를 통해 정보를 공유하고 있다.

많은 공인중개사가 어떤 강의를 들어야 할지 몰라 고민하는 경우가 많다. 하지만 검증된 강사를 통해, 실제 현장에서 유용한 강의를 선택하고 반복해서 듣는 것이 중요하다. 강의는 단순히 듣는 것에서 끝나지 않고, 현장에서 활용할 수 있도록 체득하는 과정이 필요하다.

결국, 부동산 전문가가 되는 과정은 어렵지만, 꾸준한 노력으로 전문지식을 내 것으로 만들어나가면, 이후에는 바뀐 부분만 공부하면 된다. 하나하나 차근차근 다져가면서 전문성을 키워나가기를 권장한다.

02

끝까지 해내는
공인중개사로 성장하기

　모든 일을 하다 보면 도중에 어려움이 생기기 마련이다. 중개 업무를 하면서 양 계약당사자 간의 조율 과정에서 눈물을 흘리기도 하고, 이에 따라 공인중개사라는 직업을 포기하고 싶을 때도 있을 수 있다. 역시 많은 어려움을 겪었고, 포기하고 싶었던 순간들이 있었다. 하지만 지금은 포기하는 대신 문제를 조율하고 해결하려는 마음가짐을 갖게 되었다.

　과거에 공인중개사를 포기하려 했던 경험이 있다. 그때는 어떻게든 극복하고 싶었지만, 여러 번 어려움이 컸다. 그때 롤모델이자 선배인 공인중개사 대표님께 도움을 청했다. 이분은 30년 이상 오랜 시간 동안 부동산 중개업을 해왔고, 다른 방식으로 성공을 이룬 분이다. 하루 시간을 내어 그분을 찾아뵙고, 상황에 대한 조언을 구했다.

　그분은 항상 적절한 솔루션을 제시해주었고, 그 조언을 실천하면서 다시 희망과 용기를 얻었다. 가끔 힘든 시기에는 전화를 통해 위로받으며, 방향을 묻기도 했다. 그러나 너무 자주 연락드리는 것은 예의가 아닌 것 같아, 필요한 결론만 간단히 듣는 식으로 조율했다.

공인중개사로서 성공적인 길을 걸어온 선배들을 찾아가 조언을 구하는 것은 매우 중요하다고 생각한다. 그들의 경험과 조언은 큰 자산이된다. 그들의 이야기를 듣고, 그들이 겪은 어려움과 극복 과정을 통해 자신의 성장에 도움이 될 수 있다.

또한 목표를 재설정하는 것도 중요한 부분이다. 때로는 설정한 목표가 너무 높거나 현실과 맞지 않아 중도에 포기하고 싶을 수 있다. 이럴 때는 목표를 재설정하는 것이 필요하다. 항상 높은 목표를 설정한 후, 이를 세부적으로 나누어 작은 목표부터 시작한다. 작은 목표들을 성취하면서 점차 큰 목표를 향해 나아가는 것이 중요하다고 생각한다.

그리고 열심히 일한 후에는 자신에게 보상을 주는 것도 중요하다. 필자는 책을 사는 것을 큰 보상으로 여긴다. 힘든 일을 잘 마무리하면 휴식을 취하거나 서점에서 하루 종일 책을 읽고 많은 책을 구매하는 방식으로 스스로 보상을 주곤 한다. 이러한 작은 성취에 대한 보상은 동기부여를 유지하는 데 큰 도움이 된다.

일의 스트레스를 해소할 방법을 찾는 것도 중요하다. 취미생활은 일과 삶의 균형을 유지하게 하며, 정신적인 안정감을 준다. 자신만의 힐링 시간을 가지면 업무에 더 집중할 수 있다.

어떤 순간에도 긍정적인 사고는 매우 중요하다. 어려움이 닥쳤을 때도 긍정적인 태도를 유지하면 상황을 극복하는 데 큰 힘이 된다. 자신을 격려하고 긍정적인 태도를 잃지 않도록 하면, 자존감이 높아지고 더 잘 해내는 힘이 생긴다.

공인중개사 자격증을 취득한 이후부터 지금까지 여전히 초심을 잃지 않고 있다. 자격증을 취득하고 중개업을 하면서, 공부할 때의 목표와 꿈을 항상 상기하며 노력하고 있다. 현업에서 어려움을 겪고 있는 사람들을 생각하면, 노력하지 않으면 안 된다는 생각이 든다.

공인중개사로서의 여정은 결코 쉽지 않지만, 앞서 소개한 방법들을 실천하며 중도에 포기하지 않고 끝까지 해내는 것이 중요하다. 자신을 스스로 믿고, 작은 변화부터 시작해 꾸준히 발전해 나간다면, 누구보다 성공하는 공인중개사가 될 수 있을 것이다.

재수강의 필요성을
인식하자

강의는 계속 반복해서 들어야 한다. 우리의 뇌는 계속 잊어버리고 기억력이 감퇴한다. 그래서 강의를 한 번만 들어서는 절대로 이해를 할수가 없다. 그래서 난이도가 낮은 분야에서 시작해 난이도가 깊은 중급, 고급 과정까지 놓치지 말고 끝까지 들어야 한다. 부동산 전문 강의는 공인중개사들을 위해 만들어진 강의가 주변에 많이 있다.

부동산 중개 시장이 좀 어려워지면서 마케팅이 잘 되는 분들은 부동산 강의를 많이 한다. 중개 경력은 그다지 많지 않다. 좀 더 검증된 기관에 강의 비용이 다소 비싸더라도 강의를 들어야 한다. 그리고 강의를 반복해서 들을 수 있어야 한다. 마케팅을 잘하고 싶으면 마케팅 관련된 강의로 가면 될 것이고, 전문 세무와 상가 중개를 잘하고 싶으면 그것들을 배우면 된다.

그리고 전문 강의를 계속 반복해서 들어야 한다. 공인중개사가 중개 관련 강의를 한 번 들었다고 해도 이걸 완벽하게 이해하거나 인식하지 못하는 사례가 많다. 나 또한 한 번만 들은 강의는 없다. 계속 반복해서 그 강의를 들었고, 그 강의를 얼마만큼 많이 들었는지 그리고 얼마만큼 이해했는지를 계속 테스트하고 공부하면서 고객과 소통해봤다. 고객의 질문에 딱딱 대답해주는 공인중개사는 많지 않다. 그 많은 경험과 해당 사례들을 잘 알고 있어야 하며 강의만으로도 해결이 안 되는 부분이 너무나도 많다. 고객은 우리가 만물박사이길 원한다.

A부터 Z까지 아니면 Z를 넘어 주변에 부수되는 다양한 사례들까지 꼭 알 거라고 판단해 고객들은 질문을 한다. 필자는 그러한 질문을 최대한 해결해 주변에서 굉장히 똑똑한 공인중개사로 자리매김하고 있다. 똑똑한 공인중개사가 되기 위해서는 물론 실천적인 경험도 많아야 겠지만, 필자는 나름대로 공부하고 부동산 관련된 전문 강의에 몰입해서 열심히 듣는다. 강의는 지방에 많이 없었다. 지방에 없을 때는 서울로 가서 듣는 건 다반사였고 지방에 강의가 있을 때는 다시 비용을 내서 계속 반복 수강해서 들었다. 오프라인이 상황이 안 되면 온라인으로도 신청해서 계속 들었다.

이렇게 지금 필자의 주변에서 중개업을 잘하고 계신 분들은 항상 강의를 일주일에 두세 번은 듣는다. 오프라인이 안 되면 온라인으로라도 어떻게든 듣고 그걸 공부해서 완벽하게 만들려고 노력한다.

많은 공인중개사들이 공부를 안 하는 건 아니다. 열심히도 하고 많이도 한다. 하지만 한 번 듣고 그걸 완벽하게 이해하지 않은 상태에서 다른 강의를 또 듣고, 또 이 교수님, 이 선생님, 이 강사님의 강의 다음에 다른 강의를 또 듣는다. 이게 완벽하게 마스터를 하고 나의 것으로 이해하지 않은 상황에서 다른 것이 들어가다 보니 이거는 감나무에서 배가 열리는 격이 되어버린 것이다. 뉴스에서 보도상으로 발표되는 것들도 많이 있다. 그러한 것들이 다 혼재되고 강의가 혼재되어 어떠한 상황에서 그 강의를 써야 할지를 모르기 때문에 공부했어도 효과를 볼 수가 없는 것이 아닐까?

그래서 강의를 한 번 듣고, 다음에 또 강의가 있으면, 또 한 번 듣고, 계속 반복적으로 바뀌는 흐름, 바뀌는 법, 바뀌는 트렌드에 따라서 계속 반복해서 들어야 한다. 듣다 보면 완벽하게 될 것이다. 그것을 다른 사람에게 알려준다면 완벽한 지식이 될 거라고 본다.

그렇게 공부했고 지금도 하고 있고 앞으로도 할 것이며 했기 때문에 이렇게 말할 수 있다. 22년 정도 중개업을 하면서 다른 사람이 이론으로 이야기하는 것이 아니라 실질적인 경험으로 있었던 이야기들로 말을 하는 것이다. 여러 번 반복해서 강의를 들으면 좋은 점이 뭔지 아는가? 교수님의 눈에 띈다고 강의하다 보면, "지난번에 들으셨는데 또 듣네요"라고 인사를 받게 되고 교수님의 눈에 띄기 시작한다. 그러면 "열심히 하시네요"라는 인식이 잡히고 현업에서 어떻게 일을 하는지 한마디라도 더 도와주려고 노력하신다. 그것을 필자는 잘 알고 있기에 계속 반복적으로 시간이 날 때마다 강의를 결제해서 계속 듣는다. 그런 다음에 교수님의 눈에 들어 교수님과 개별적으로 연락을 취한다. 그러고는 업무를 하다가 뭔가가 안 풀리거나 막히면 바로 전화를 드리면, 바로 응대를 해주신다.

이렇게 뭔가 노력을 하고 뭔가를 열심히 하는 수강생 학생 교육생이면 누구나 강의하시는 교수님들도 예뻐할 것이다. 더 잘되게끔 하려고 많은 것을 돌봐주시려고 노력하신다. 그러한 상황을 만들도록 많은 노력을 했던 것 같다. 앞으로 강의를 들어서 공부할 것이며 한 번이 아니라 여러 번 반복해서 들을 것이다.

　반복해서 들을수록 필자가 필요한 상황이 생겼을 때 편안하게 질문하고 해결할 수 있는 멘토, 스승님을 만나는 방법이기도 하다. 누구나 강의를 한 번 들어서 그렇게 해서 질문을 제대로 못 하고 현업에서 일하다 보면 교수님들의 강의에 에도 부족한 질문들이 나온다. 이러한 질문들로 실력을 키우고 고객들과 소통하다 어려움이 닥치면 강의를 해 주셨던 교수님, 멘토 등과 소통하면서 현업을 열심히 끌어가고 있다.

　어제도 계약하다가 막히는 상황이 있었다. 당연히 그 해당 교수님께 전화를 드려 친절한 안내를 받고 고객들과 그렇게 소통하면서 계약을 진행하는 데 도움을 많이 받았다. 이처럼 처음 중개업을 하거나 경력이 많은 공인중개사라고 하더라도 전문성이 부족해 공부하셨던 분이라면 좀 더 적극적으로 강의에 임하면서 그 교수님과 유대관계를 형성해 멘토, 스승으로 삼으면 많은 도움이 될 것이다. 거듭 강조하지만, 강의는 한 번 듣는 것이 아니다. 여러 번 반복해서 재수강을 하는 것이 중요하다.

부동산은 경기를
타지 않는다

    부동산 중개업을 22년 하다 보니, 많은 초보 공인중개사와 이야기를 나눌 기회가 있었다. 이들은 흔히 부동산 경기가 좋지 않으면 중개업이 어려울 것으로 생각하며, 경기가 나아지면 그때 가서 사무실을 오픈해야 한다고 말한다. 그러나 필자는 22년 전 부동산 중개업을 시작한 이후, 한 번도 폐업하거나 휴업한 적이 없었다. 이는 부동산 경기가 항상 좋지 않았던 시기에도 꾸준히 사업을 이어갈 수 있었던 이유가 분명히 있기 때문이다.

    2003년부터 부동산 중개업을 해왔지만, 부동산 경기가 좋았다고 느낀 적은 거의 없었다. 그럼에도 불구하고 사업을 중단하거나 포기할 생각은 단 한 번도 해본 적이 없다. 자영업, 특히 중개업은 경기나 외부 환경에 따라 좌우되는 것이 아니라, 얼마나 노력하고 준비했느냐에 따라 성패가 결정된다고 믿기 때문이다.

부동산 경기가 좋지 않다고 해서 모두가 중개업을 포기할 때, 오히려 새로운 기회를 찾아 매출을 올렸다. 예를 들어, 아파트 거래량이 줄어들 때는 전월세 계약에 집중하거나 상가 임대차 계약을 통해 수익을 창출했다. 또한 오피스텔과 원룸 계약을 통해 다양한 매출원을 확보하며 경기 변동에 흔들리지 않는 전략을 세웠다. 부동산 가격이 하락할 때는 매수인에게 유리한 거래를 진행하며, 오히려 더 많은 계약을 성사시켰다. 시장의 흐름을 읽고 상황에 맞는 마케팅 전략을 세우면, 어려운 경기 속에서도 거래를 만들어낼 수 있다.

지금 아주 어렵다는 시장에서 다른 공인중개사들이 중개를 포기하고 안 된다고만 말하고 있을 때 계약을 다른 해보다 두 배를 더 했다. 매출도 두 배를 더 올리는 상황이고 지금도 계약을 계속하고 있다.

부동산 가격이 상승한다고 해서 거래가 늘어난다는 보장은 없다. 상승장에서는 매도인들이 매물을 내놓지 않거나 가격을 올리려는 경향이 있어 거래가 줄어들 수 있다. 반대로, 하락장에서는 매도인들이 가격을 유연하게 조정하고, 매수인들이 더 적극적으로 거래에 나서기 때문에 더 많은 거래가 이루어질 수 있다.

이처럼 부동산 경기가 나쁘다고 해서 중개업이 어려워지는 것이 아니다. 경기가 좋다고 해서 무조건 중개업이 잘되는 것도 아니다. 경기 탓을 하지 말고, 현재의 시장 상황을 분석해 그에 맞는 전략을 세우는 것이 진정한 전문가의 자세다.

부동산 중개업에서
성공하는 비결

부동산 중개업에서 성공하려면 경기의 영향을 받지 않고 꾸준한 노력과 자기계발을 해야 한다. 부동산 시장은 변동성이 크지만, 끊임없이 변화하는 시장 흐름에 맞춰 나가면 언제든지 새로운 기회를 만들 수 있다.

경기가 좋지 않을 때 매물을 확보하기가 오히려 더 쉬울 수 있다. 매도인들은 빠르게 거래를 성사시키고 싶어 하며, 이를 효과적으로 마케팅하면 매수인과의 계약 성사가 쉬워진다. 매물의 장점을 잘 강조해 매수인에게 어필하면, 어려운 시장에서도 성공적인 거래를 이끌어낼 수 있다.

반면, 경기가 좋을 때는 매수인이 늘어나 계약을 성사시키기 쉬워 보이지만, 매도인들이 매물을 내놓지 않거나 높은 가격을 요구할 수 있다. 이때 중요한 것은 중개사의 설득력과 전문성이다. 매도인과 협상에서 신뢰를 얻고, 매물의 가치를 제대로 평가하는 능력이 필요하다.

부동산 시장이 하락할 때 오히려 더 많은 계약을 성사시킨 사례가 많다. 하락장에서는 매수인들이 적극적으로 매수 기회를 고려하며, 매도인들이 가격을 조정하면서 거래가 이루어지기 때문이다. 하락장에서 성공적인 거래를 이어갈 수 있어야 진정한 실력자다. 상승장에서 성공적인 거래를 한 중개사도 많지만, 하락장에서 꾸준히 거래를 성사시키는 능력이 진정한 고수의 자질이라 할 수 있다.

경기 탓을 하지 말고, 지금 당장 시작하라

부동산 중개업을 준비하면서 경기가 좋지 않다는 이유로 창업을 미루는 사람들을 종종 본다. 그러나 이런 생각은 진정한 이유가 아닐 수 있다. 사실 자신감이 부족하거나 준비가 덜 되어 있어서인 것이다.

부동산 중개업을 시작하는 데 두려움이 있다면, 먼저 자신감을 키우는 것이 중요하다. 마케팅 교육, 부동산 관련 세미나 등을 통해 전문성을 쌓고 자신감을 얻는 것이 성공의 열쇠다. 경기의 좋고 나쁨에 상관없이 준비되었는지가 성공의 핵심이다.

중개업을 준비하는 사람들에게 멘토의 조언이 중요하다. 경기가 좋지 않다고 두려워하지 말고, 자신감을 가지고 지금 바로 창업할 것을 권하는 멘토를 찾아야 한다. 반대로, 경기가 좋지 않으니 오픈하지 말라고 하는 사람은 당신이 오픈하면 당신을 경쟁자로 보고 당신을 두려워하는 사람일 수 있다. 그러니 나의 주관과 생각이 맞다면 당당하고 오픈을 추천한다.

부동산 중개업은 투잡으로 하기에는 어려운 직업이다. 이 일은 하루

24시간이 부족할 만큼 많은 시간과 노력을 요구한다. 많은 사람이 부동산을 본업으로 삼고 있음에도 불구하고, 끊임없이 공부하고 현장을 뛰어다녀야만 성과를 낼 수 있다. 투잡으로 하기보다는 온전히 부동산 중개업에 몰입하는 것이 성공의 열쇠다.

부동산 중개업에서 성공하려면 경기 변동에 흔들리지 않고, 꾸준히 자기계발에 힘쓰며 현장 경험을 쌓아야 한다. 시장의 흐름에 맞춰 전략을 세우고, 경기에 좌우되지 않고 자신만의 방식으로 도전하는 것이 성공의 길이다.

부동산 중개업에서 성공하기 위해서는 지속적인 자기계발이 필수적이다. 필자는 매일 블로그 포스팅을 하고, 유튜브 영상을 편집하며, 독서를 꾸준히 실천하고 있다. 또한, 스터디를 통해 새로운 지식을 습득하고, 이를 고객들에게 유용한 정보로 제공함으로써 매매를 성사시키고 있다.

그리고 성공적인 중개업자가 되기 위해서는 철저한 시간 관리가 필요하다. 매일 시간을 체크하고, 하루 일정을 세밀하게 계획한다. 아침 9시에 출근해 늦은 시간까지 일을 하며, 꾸준히 공부하는 것이 성공 비결이다. 매일의 일정을 점검하고, 시간을 효율적으로 활용하는 것이 중개업에서 성공하는 길이다.

구체적으로, 다음과 같은 일정을 실천하고 있다.

아침 루틴 : 하루의 계획을 세우고 필요한 업무를 정리한다.
업무 시간 : 고객 상담, 매물 조사, 마케팅 활동 등 주요 업무를 수행

한다.

자기계발 시간 : 독서, 온라인 강의 수강, 블로그 포스팅 등을 통해 지식을 업데이트한다.

저녁 점검 : 하루 동안의 업무를 돌아보고, 성과와 문제점을 분석해 다음 날의 계획을 조정한다.

이러한 철저한 시간 관리와 꾸준한 자기계발을 통해 부동산 중개업에서 성공을 유지하고 있다. 부동산 경기는 중개업의 성패를 좌우하지 않는다. 중요한 것은 경기 변화에 연연하지 않고, 시장 흐름에 맞는 전략을 세우며 꾸준히 노력하는 것이다. 경기 탓을 하기보다는 현재의 시장 상황을 정확히 분석하고, 그에 맞는 전략을 세우는 것이 성공적인 부동산 중개업의 핵심이다.

최신 부동산 동향과 트렌드를 파악해 현재 시장의 흐름을 이해한다. 시장 변화에 신속하게 대응할 수 있는 유연한 전략을 마련해야 앞으로 살아남는다. 고객의 니즈를 정확히 이해하고, 그에 맞춘 맞춤형 서비스를 제공한다. 부동산 시장은 항상 변동성이 있기 때문에, 이러한 접근 방식이 중개업의 성공을 이끄는 데 중요한 역할을 한다.

부동산 중개업에서 성공하기 위해서는 끊임없는 자기계발과 지속적인 노력이 필요하다. 자기계발은 단순히 지식을 쌓는 것을 넘어, 실제 업무에 적용해 고객에게 가치를 제공하는 과정이다. 부동산 관련 서적을 읽고, 최신 트렌드를 반영한 지식을 습득한다. 유용한 부동산 강의를 수강해 전문성을 강화한다. 자기 경험과 지식을 공유하며, 피드백을 블로그와 유튜브 통해 발전해 나아간다.

이렇게 꾸준한 노력과 자신감을 바탕으로, 부동산 중개업에서의 성공을 이끌어나갈 수 있다. 부동산 경기가 좋지 않더라도, 경기에 연연하지 않고 시장 흐름에 맞춰 전략을 세우며 자기계발을 지속적으로 해나가는 것이 진정한 성공의 열쇠다.

부동산 중개업에서 성공하기 위해서는 다양한 강의를 통해 새로운 기술과 지식을 꾸준히 배우는 것이 중요하다. 2014년부터 블로그 마케팅을 시작하면서 처음으로 컴퓨터와 관련된 기술을 배우기 시작했다. 당시에는 컴퓨터 사용이 익숙하지 않았고, 사진 편집이나 동영상 작업도 미숙했지만, 꾸준히 학습해 이를 부동산 중개업에 성공적으로 접목시킬 수 있었다.

블로그 마케팅을 시작하면서 포토샵, 프리미어 프로 등 다양한 프로그램을 활용해야 했다. 컴퓨터 작업이 익숙하지 않았던 사진 편집과 동영상 제작은 큰 도전이었지만, 강의를 통해 차근차근 실력을 쌓아갔다. 처음에는 어렵고 복잡하게 느껴졌지만, 포기하지 않고 계속 배워나갔다.

유튜브 마케팅 강의를 통해 프리미어 프로를 활용한 동영상 편집 능력을 갖추었고, 이를 통해 유튜브 채널을 활성화할 수 있었다. 비록 배운 기술을 즉시 활용하지 못했지만, 시간이 지나면서 그 지식은 중요한 자산이 되었고, 필요한 순간에 큰 도움이 되었다. 꾸준히 배우는 것이 중요한 이유는 언제 그 지식을 활용할 기회가 올지 모르기 때문이다.

부동산 중개업에서는 아파트나 상가의 외관과 주변 환경을 효과적으로 보여주는 도구가 필요했다. 이를 위해 필자는 드론에 대한 관심을 가지고, 충남대학교 문화원에서 드론 강의를 수강했다. 비록 드론을 당장 활용할 기회는 많지 않았지만, 미래를 대비하기 위해 시간을 쪼개어 꾸준히 배웠다.

드론 강의는 단순히 드론을 조종하는 법을 배우는 것뿐만 아니라, 부동산 중개에 어떻게 접목할지를 고민하는 시간이었다. 드론 영상은 상권 분석이나 토지 중개에서 매우 효과적인 도구로 활용될 수 있었고, 이를 통해 고객들에게 더 나은 정보를 제공할 수 있었다. 새로운 기술을 배우는 것은 중개업에서 한발 앞서 나가는 데 중요한 요소가 된다.

또한 글쓰기 수업을 들으면서 책을 출판할 수 있는 자신감을 얻었다. 글쓰기 강의는 단순히 글을 잘 쓰는 방법을 배우는 것이 아니라, 자기 생각을 정리하고 표현하는 능력을 키우는 중요한 과정이었다. 그 당시에는 바로 책을 쓸 시간이 없었지만, 지금 와서 책을 출판할 수 있었던 것도 그때 배운 글쓰기 수업 덕분이다.

교육은 즉시 활용되지 않을 수 있지만, 배운 지식은 언젠가 반드시 도움이 될 것이며, 개인의 성장에 중요한 밑거름이 된다.

최근 마케팅 기초 강의를 들었다. 블로그, 카페, 유튜브, 인스타그램 등 다양한 마케팅 도구를 어떻게 활용할 수 있는지 배웠고, 이를 통해 새로운 트렌드와 효과적인 마케팅 방법을 습득할 수 있었다. 배운 내용을 바로 적용해 블로그와 유튜브 마케팅에 활용했고, 즉각적인 효과를 경험할 수 있었다.

교육을 통해 배우는 것들은 실제로 활용하지 않으면 의미가 없기 때문에, 강의를 들을 때마다 어떻게 적용할지 고민해야 한다. 강의를 듣고 나서 즉시 활용할 수 있는 부분을 찾아, 부동산 중개업에 접목하려고 항상 노력했다.

교육을 공인중개사들이 안 듣는 것이 아니다. 그 교육을 많이 받고 활용을 하고 바로 적용해야 성공함을 다시 한번 인지하길 바란다.

드론은 부동산 중개업에서 앞으로 더 중요한 도구가 될 것이라고 확신했다. 이를 위해 바쁜 시간 속에서도 드론 강의를 듣고 연습했다. 처음에는 드론을 다루는데 서툴렀고, 여러 차례 실수하기도 했지만, 계속해서 도전하고 배워나갔다.

현재는 드론을 활용한 부동산 마케팅을 통해 고객들에게 더 나은 시각적 자료를 제공할 수 있으며, 부동산 시장에서 한발 앞서 나가는 경쟁력을 확보하게 되었다. 이처럼 미리 준비한 기술이 중개업에서 중요한 역할을 하게 되었고, 직원들에게도 드론 교육을 통해 역량을 강화하고 있다.

틈틈이 다양한 강의를 듣고 배우는 것은 부동산 중개업에서 한발 앞서 나가는 데 필수적인 과정이다. 쓸모없는 교육은 없다. 필요 없는 교육도 없다. 당장 활용할 수 없더라도, 미래의 기회를 위해 꾸준히 배우고, 준비해야 한다. 배운 지식을 어떻게 접목할지 고민하고, 실질적으로 적용할 때 그 교육은 더 큰 가치를 발휘한다.

"아는 만큼 보인다"라는 말처럼, 많이 배우고 그 배움을 중개업에 적용한다면 경쟁력을 높일 수 있다. 드론, 마케팅, 글쓰기 등 다양한 강의를 통해 배운 내용은 부동산 중개업에 접목할 수 있는 중요한 도구가 된다. 배움은 절대 끝나지 않는 과정임을 기억하고, 계속해서 새로운 지식을 습득하며 이를 자신의 업무에 활용해 성장해나가기를 바란다. 계속해서 학습하고 부동산 중개업에서 1등이 되는 공인중개사가 되길 바란다.

직원은 관리의 대상이 아닌
관계의 대상이다

다양한 운영 체제에 적합한 직원을
선택하고 함께하기

부동산 중개업을 성공적으로 운영하기 위해서는 적합한 직원을 선택하고, 분야별로 전문성을 갖춘 인재를 함께 키워나가는 것이 중요하다. 직원들과 소통하며 유대관계를 맺고, 각자가 지역 내에서 최고의 전문가가 될 수 있도록 돕는 것을 목표로 삼고 있다.

직원 고용 시 특별한 기준이 있는 것은 아니지만, 성향과 잘 맞는 직원을 채용한다. 긍정적이고 성실하며, 열정, 그리고 꾸준함은 가장 중요하게 생각하는 덕목이다. 위의 사항이 직접 실천하고자 하는 가치이기도 하며, 이러한 성향을 지닌 직원들이 사무실의 성장에 크게 기여할 것이라고 믿는다.

많은 대표가 자신과 반대되는 성격의 직원을 선호하는 때도 있지만, 비슷한 성격의 사람들을 뽑는다. 서로 소통이 원활하고 업무 진행에서도 충돌이 적기 때문이다. 또한, 성실하고 꾸준하게 노력하지 않으면 직원들도 그러한 태도를 따라 하지 않을 것으로 생각한다. 결국, 대표의 태도가 직원들에게 큰 영향을 미친다고 믿는다.

02

분야별로 직원과
함께하기

우리 사무실은 분야별로 업무를 나누어 운영되고 있다. 예를 들어, 아파트, 상가, 토지 등 각 분야의 전문가가 따로 있으며, 그 분야에 맞는 직원들을 채용해 전문성을 강화하고 있다. 이러한 분야별 전문가 육성을 통해 직원들은 각자의 영역에서 최고가 될 수 있다.

특히, 우리 사무실에서 근무한 직원들은 지역 내에서 높은 평가를 받으며, 다른 중개사무실에서도 스카우트 제의를 받을 만큼 인정받고 있다. 이는 각 분야에서 직원들이 최고의 중개사가 될 수 있도록 체계적으로 지원한 결과다. 직원들이 잘하면 사무실 전체의 매출이 상승하고, 함께 즐겁게 일할 수 있는 환경이 조성된다.

직원 채용 시기는 사무실의 업무량에 따라 결정되기도 하지만, 성장과 발전을 위한 목적으로도 직원을 채용한다. 필자가 부족한 부분을 보완해줄 수 있는 직원을 찾고, 그들과 함께 서로 발전할 수 있는 환경을 만드는 것이 중요하다고 생각한다. 직원들이 경제적으로 안정되고 성공할 수 있는 상황을 마련해주는 것이 사무실의 성공적인 운영을 위한 중요한 요소다.

직원들이 돈을 벌 수 있는 상황이 마련된다고 판단되면, 필자는 직원을 채용한다. 필자가 더 많은 일을 하고, 직원들이 경제적으로 안정될 수 있는 환경을 제공하는 것이 사무실의 성공적인 운영을 위한 중요한 요소다. 직원들이 경제적으로 안정되고 성공할 수 있어야, 그들도 사무실에 오래 머물며 함께 성장할 수 있다.

03

열정이 높은 사람과
함께하기

우리 사무실은 규율을 강하게 부과하지 않고 자유로운 분위기에서 직원들이 자율적으로 업무를 처리할 수 있도록 하고 있다. 필자는 직원들의 업무에 깊이 간섭하지 않으며, 그들이 스스로 문제를 해결하고 자립심을 기를 수 있도록 지원한다. 성과를 낼 수 있는 환경을 만들어주고, 직원들이 그 환경에서 성장할 수 있도록 돕는 것이 필자의 역할이라고 생각한다. 이는 단기적인 성과보다는 장기적인 성공을 목표로 한 운영 방식이다.

많은 사람이 "어떤 동료와 함께 일해야 하는가?"라는 질문을 한다. 항상 열정적인 사람과 함께 일하라고 답한다. 열정이 있는 직원들은 자기 일에 최선을 다하고, 끊임없이 발전하려고 노력한다. 이러한 직원들과 함께하면 사무실 전체의 분위기도 활기차고, 긍정적인 시너지가 생긴다.

우리 사무실에서는 직원들이 자율적으로 늦게까지 일할 때도 많다.

이는 직원들이 자신의 업무에 책임감을 느끼고 몰입하므로 가능한 일이다. 이처럼 열정적인 동료와 함께 일하는 것은 사무실을 성장시키는 중요한 원동력이 된다.

이러한 열정을 지원하기 위해 최대한의 자율성을 부여하고, 필요할 때만 도움을 준다. 대표가 직원들에게 과도한 간섭을 하지 않으면, 직원들은 스스로 동기부여를 얻고 책임감을 느끼고 업무에 임하게 된다.

주 1회 스터디
함께하기

직원들이 자율적으로 성과를 낼 수 있는 환경을 만들기 위해서는 대표의 유연한 리더십이 필요하다. 항상 직원들이 자신의 성장을 중요하게 생각할 수 있도록 스터디나 교육을 제공하며, 직원들이 스스로 목표를 세우고 달성할 수 있는 환경을 조성해준다.

대표는 직원들의 성장을 지원하고, 그들이 최고의 중개사가 될 수 있도록 적극적인 리더십을 발휘해야 한다. 적합한 직원 선택과 유연한 운영 방식을 통해, 공인중개사 사무실은 지속적인 성장과 성공적인 운영을 이룰 수 있다.

사무실을 운영하면서 주 1회 스터디를 통해 직원들과 함께 지식을 나누고 성장하려고 노력한다. 스터디는 강제 사항이 아니며, 직원들이 자발적으로 참여하고 배울 수 있는 환경을 만드는 것을 목표로 하고 있다. 정기적인 스터디를 통해 사무실은 더 큰 성과를 내며, 직원들의 전문성도 자연스럽게 발전하게 된다.

스터디의 주요 목적은 직원들이 부동산 업계에서 필요한 최신 정보를 습득하고, 자기계발을 할 수 있도록 돕는 것이다. 특히 세법이나 부동산 관련 규정은 자주 바뀌기 때문에, 개정된 법이나 새로운 제도가 발표되면 세법 스터디를 통해 직원들과 함께 공부한다. 이를 통해 직원들이 업무에 필요한 법적 지식을 빠르게 습득해 고객에게 더 나은 정보를 제공할 수 있도록 하는 것이 목표다.

스터디는 단순히 공부하는 자리가 아니라, 직원들이 서로 소통하며 즐겁게 학습할 수 있는 환경을 조성하는 데 중점을 둔다. 스터디 후에는 함께 맛있는 음식을 나누며 자유롭게 대화하는 시간도 가지며, 이러한 과정에서 벽을 허물고 협력하는 분위기를 만드는 것이 중요하다.

대표로서 중요하게 생각하는 점은 직원들이 자립심을 키울 수 있도록 돕는 것이다. 직원들이 업무 중에 어려움을 겪거나 고객의 질문에 답하지 못하는 상황이 생기면, 그때만 도와준다. 직원들의 업무에 간섭하거나 고객과의 대화를 대신해주는 방식은 자립심을 저해할 수 있다.
대표가 모든 문제를 해결해주는 방식은 직원들이 스스로 성장할 기회를 막을 수 있으며, 매출 증대에도 악영향을 미칠 수 있다. 직원들이 먼저 질문을 하거나 어려움을 표현할 때까지 기다리며, 스스로 고민하고 해결책을 찾을 기회를 주는 것이 중요하다고 생각한다. 막히는 부분이 생기면 함께 해결책을 찾아가는 방식으로 운영한다.

사무실에서 각 직원의 업무 영역을 명확히 구분해 고객이 혼란을 겪

지 않도록 하고 있다. 각 직원은 자신의 전문 분야에서 최대한의 책임
감을 느끼고 업무를 처리하며, 직원의 업무를 침범하지 않고 그들의 영
역을 확장하는 데 집중한다.

매주 화요일에 진행되는 스터디에서는 계약 건에 대한 이야기나 업
무적인 문제를 함께 논의한다. 고객에게 어떻게 선택을 유도할 것인지,
계약을 성사시키는 방법 등에 대해 고민한다. 직원들과의 소통을 통해
아이디어를 공유하고 해결책을 찾으며, 더 좋은 결과를 만들어낸다.

처음에는 직원들이 스터디의 필요성을 느끼지 못하고 동참도 적었
다. 그러나 시간이 지나면서 질문이 늘어나고, 특히 복잡한 업무를 처
리할 때 직원들이 더 많은 도움이 필요하게 되었다. 이때부터 직원들은
스터디에 적극적으로 참여하기 시작했고, 점차 자신들의 실력을 향상
하게 되었다.

스터디를 지속적으로 참석하면서 직원들은 부동산 시장의 변화에 맞
춰 지식을 쌓아갔고, 지역 내에서 탑으로 자리 잡을 수 있었다. 시간이
지나면서 질문 횟수가 줄어들고, 직원들이 스스로 업무를 처리할 수 있
게 되었으며, 필자보다도 더 뛰어난 능력을 보유한 직원들도 생겼다.

직원들에게 강조하는 것은 스스로 업무를 완성하고, 자신의 성과에
책임을 지는 것이다. 직원들이 계약서 작성이나 계약서 수정을 스스로
처리하고, 마지막 검토만 필자에게 맡기면서 독립적인 업무 능력을 키
우고 있다. 사실상 직원들이 필자보다 더 잘하는 부분도 많이 생겼다.

대표가 직원들을 신뢰하고 그들에게 업무 자율성을 부여하면, 직원들은 자신의 역량을 더 크게 발휘할 수 있다. 반대로, 대표가 직원의 업무를 일일이 간섭한다면, 직원의 성장은 지체될 수밖에 없다.

우리 사무실에서는 직원들과의 협력이 매우 중요하다. 필자는 모든 매물을 직원들과 공유하며, 직원의 성장을 돕는 환경을 만들기 위해 노력한다. 분야별로 매물을 나누어 직원들이 자신의 전문 분야에서 최고의 성과를 낼 수 있도록 지원하며, 모든 업무를 투명하게 관리한다.

이러한 방식은 장기적인 신뢰와 협력을 기반으로 사무실을 운영하는 데 큰 도움이 된다. 직원들이 더 나은 계약 성과를 내기 위해 스스로 노력하고, 그 결과 사무실 전체의 매출도 자연스럽게 상승하게 된다.

내가 알아야
직원이 믿고 따른다

사무실을 운영할 때, 대표는 단순히 운영자 이상의 역할을 해야 한다. 대표는 전문가로서 직원들이 믿고 따를 수 있는 모범적인 리더가 되어야 한다. 대표가 전문성을 갖추고 있어야 직원들도 그 능력을 보고 성장할 수 있으며, 사무실의 전반적인 성과 역시 그에 따라 달라진다.

사무실 운영과 관련해 직원들에게 강압적인 규율이나 시스템을 강요하지 않는다. 각 직원은 자신만의 스타일과 방법으로 업무를 처리하며, 이를 존중한다. 새로운 직원이 들어오면 그들의 업무 스타일에 맞게 시스템을 유연하게 변형한다. 이는 직원들에게 자율성을 부여하고, 자신이 가진 능력을 최대로 발휘할 수 있도록 돕는 것이다.

하지만 이 모든 것이 가능해지려면, 대표가 전문가로서 그 기반을 제공해야 한다. 대표가 전문가라면 직원들은 그 전문성을 믿고 따르게 된다. 대표의 능력이 사무실의 성과를 좌우하며, 대표가 할 수 있는 일이 많을수록 직원들도 그만큼 성장하고 성과를 내게 된다.

대표가 직원들을 이끌기 위해서는 자신이 먼저 전문가가 되어야 한다. 부동산 중개업의 지식과 경험을 충분히 갖추고 있어야만, 직원들이 그 전문성을 보고 배우며 성장할 수 있다. 사무실을 운영하면서 직원들이 해결하지 못하는 부분을 뒤에서 지원하며, 경험과 지식으로 그들을 도와주려고 노력한다.

대표가 충분한 지식과 경험을 갖추지 못하면, 직원들은 더 이상 배울 것이 없다고 생각하고 사무실을 떠나게 될 것이다. 대표가 성장하지 않으면 직원도 성장할 수 없다. 따라서 대표는 끊임없이 자기계발을 통해 자신의 능력을 확장시켜나가야 한다. 이것이 직원들이 신뢰하고 따르는 리더가 되는 핵심이다.

사무실을 효과적으로 운영하기 위해서는 각 직원의 역할을 명확히 구분해 고객의 혼란을 방지하고, 직원들이 자신의 전문 분야에서 책임감을 느끼며 일할 수 있도록 돕는 것이 중요하다. 필자는 직원들의 역할을 존중하며, 자신의 영역을 확장하기 위해 지속적으로 노력한다. 이러한 접근 방식은 직원들에게 신뢰감을 주고, 각자가 맡은 역할에 자부심을 느끼게 한다. 이를 통해 사무실의 효율성을 높이고, 직원들이 안정감을 느끼며 최고의 성과를 낼 수 있는 환경을 제공하고자 한다.

부동산 업계에서 마케팅의 중요성을 깊이 인식하고 있으며, 22년 이상의 경험을 바탕으로 사무실을 운영해왔다. 마케팅이 잘 이루어지는 사무실은 직원들이 일하고 싶어 하는 환경을 만든다. 뛰어난 마케팅 전략 덕분에 더 많은 고객을 유치할 수 있으며, 이는 직원들이 사무실에 만족하고 오래 머물게 하는 중요한 요소다.

대표로서 사무실이 고객을 효과적으로 끌어들일 수 있는 전략과 기술을 갖추지 못한다면, 직원들은 사무실을 신뢰하지 않고 떠날 가능성이 크다. 특히 부동산 경력이 짧은 직원들은 배울 기회가 없다고 느끼고 쉽게 떠날 수 있다. 따라서 대표는 지속적으로 마케팅 역량을 강화하고, 고객을 유치할 수 있는 시스템을 갖추어야만 직원들이 그 안에서 성장할 수 있다.

대표와 직원 간의 원활한 소통은 무엇보다 중요하다. 직원들에게 불만이 있을 경우 직접 이야기하라고 강조한다. 사무실 내부의 문제는 외부로 드러내지 않고 내부에서 해결해야 하며, 이를 통해 신뢰를 쌓는 것이 중요하다. 직원들이 불만을 외부에 퍼뜨리면, 그 불만이 사무실의 문제로 확산되어 손해를 볼 수 있다.

직원들에게 문제를 함께 해결하자고 말하며, 다른 중개사무실 대표들과의 관계에서도 우리 직원들을 칭찬하고 긍정적인 이야기만 나누려고 한다. 대표가 직원에 대한 신뢰를 유지하고, 직원들은 대표와의 신뢰 속에서 성장할 수 있다. 이를 통해 사무실의 성공적인 운영이 가능해진다.

사무실을 운영하면서 대표가 체계적이고 능력 있는 전문가로 자리잡을 때 직원들도 그에 맞춰 성장할 수 있는 기반이 마련된다는 것을 느꼈다. 대표는 직원들을 책임지고 이끌어야 할 의무가 있으며, 리더가 지녀야 할 자질을 지속적으로 향상시키기 위해 노력해야 한다. 충분한 능력을 갖추고 직원들에게 신뢰를 주며 성장을 돕는 환경을 제공한다면, 직원들은 사무실에 오래 머물며 함께 성장할 것이다. 반면, 대표가 능력과 비전이 부족하면 직원들은 떠나게 되고 사무실의 성장은 멈추게 될 것이다.

전문가로서의 리더십은 직원들의 신뢰를 얻고 사무실의 성장을 이끄는 핵심 요소다. 대표가 부동산 중개업에 대한 깊은 지식과 경험을 갖추고 자기계발을 통해 끊임없이 성장해야만, 직원들은 그 전문성을 보고 배우며 성장할 수 있다. 사무실 운영을 통해 지도자로서 책임감과 전문성을 기반으로 직원들을 지원하고 성장시키는 방법을 배웠다. 결과적으로, 직원들이 믿고 따르는 전문가가 되어야만 사무실이 성장하고 지속 가능한 성공을 이룰 수 있다.

미래의
부동산 중개업

디지털 전환이
부동산 중개업에 미치는 영향

디지털 전환은 다양한 산업에 큰 변화를 가져왔으며, 부동산 중개업도 그 예외가 아니다. 정보의 디지털화는 부동산 매물 검색과 거래 과정에 혁신을 불러왔고, 이제는 오프라인을 넘어 온라인 플랫폼을 통해 전 세계 고객들이 클릭 한 번으로 다양한 매물 정보를 쉽게 얻을 수 있다.

부동산 중개업에서 빅데이터와 AI는 필수적인 기술로 자리 잡았다. AI는 부동산 가격을 예측하고 시장 변동을 분석하는 데 활용되며, 빅데이터는 고객의 선호도를 분석해 맞춤형 추천을 제공하는 데 큰 도움이 된다. 이러한 기술 덕분에 공인중개사들은 보다 효율적으로 고객 맞춤형 서비스를 제공할 수 있으며, 고객의 요구를 정확히 파악하고 적시에 적절한 매물을 제안할 수 있다.

VR(가상 현실)과 AR(증강 현실) 기술은 부동산 중개업의 현장 투어 방식을 혁신하고 있다. 고객은 VR을 통해 직접 방문하지 않고도 매물의 내부를 생생하게 둘러볼 수 있으며, AR을 통해 다양한 인테리어 옵션을 시뮬레이션할 수 있다. 이러한 기술은 시간과 비용을 절약하고, 고객이 보다 신속하게 구매 결정을 내릴 수 있도록 도와준다. 특히 원거리 고객이나 바쁜 일정의 고객들에게 유용한 도구로 자리 잡고 있다.

스마트 계약과 블록체인 기술은 부동산 거래의 안전성과 투명성을 크게 향상시키고 있다. 스마트 계약은 서류 작업을 자동화해 거래 과정을 간소화하며, 블록체인 기술은 변경 불가능한 거래 기록을 남겨 공인중개사와 고객 모두에게 신뢰할 수 있는 거래 환경을 제공한다. 이러한 기술들은 거래 중 분쟁 발생 시 명확한 기록을 통해 문제를 신속하게 해결할 수 있게 도와준다.

디지털 전환은 부동산 마케팅 방식에도 큰 변화를 가져왔다. 공인중개사들은 소셜 미디어를 활용해 매물을 널리 홍보할 수 있으며, 타깃팅 광고를 통해 특정 고객층에게 맞춤형 정보를 제공할 수 있다. 이러한 디지털 마케팅 전략은 특히 젊은 세대에게 부동산 정보를 효과적으로 전달하는 데 중요한 역할을 한다. 또한, 데이터 분석을 통해 광고의 성과를 측정하고, 마케팅 전략을 지속적으로 개선할 수 있는 기회를 제공한다.

클라우드 기반 서비스는 공인중개사들이 언제 어디서나 매물 정보에 접근하고, 실시간으로 데이터를 업데이트할 수 있는 환경을 제공한다. 여러 중개사가 동시에 정보를 공유하고 협업할 수 있는 환경을 조성해 업무의 효율성과 유연성을 크게 향상시킨다. 클라우드는 데이터 저장과 관리를 용이하게 하며, 비즈니스의 연속성을 보장하는 중요한 도구로 자리 잡고 있다.

　디지털 전환 시대에서 공인중개사로 성공하기 위해서는 디지털 역량 강화가 필수적이다. 새로운 도구와 시스템을 꾸준히 배우고, 고객에게 더 나은 디지털 경험을 제공할 방법을 모색해야 한다. 이는 부동산 중개업의 효율성과 경쟁력을 크게 향상할 중요한 기회이자 도전이다. 따라서 공인중개사들은 지속적인 자기계발과 최신 기술 습득을 통해 변화하는 시장 환경에 적응해야 한다.

　디지털 전환은 부동산 중개업에 많은 기회를 제공하며, 이를 효과적으로 활용하는 것이 사무실의 성공에 중요한 역할을 한다. 기술적 변화에 발맞춰 혁신적인 서비스를 제공하고, 고객의 기대에 부응하는 것이 현대 부동산 중개업의 핵심 과제다.

02

프롭테크와
부동산 중개

프롭테크(PropTech)는 부동산 중개업에 기술 혁신을 가져왔으며, 공인중개사가 부동산 정보 제공, 시장 분석, 거래 과정에서의 효율성을 높이고 고객에게 더 나은 서비스를 제공할 수 있게 하고 있다.

부동산 정보 제공 플랫폼은 프롭테크의 초기 형태로, Zillow, Redfin, 네이버 부동산 등이 대표적이다. 이러한 플랫폼은 부동산 매물 정보, 시세, 위치, 주변 환경 등을 한눈에 제공하며, 매도인과 매수인, 임대인과 임차인을 직접 연결해준다. 온라인 중개 서비스는 전통적인 중개 업무를 디지털화해 고객이 직접 매물을 검색하고 거래할 수 있는 편리함을 제공한다.

프롭테크는 빅데이터를 활용해 부동산 시장의 흐름을 분석하고 가격 변동, 수요 예측 등을 수행한다. 또한, AI 기술을 통해 고객의 선호도를 분석하고 맞춤형 매물 추천 및 가격 협상 전략을 수립할 수 있다. 이러한 기술 덕분에 공인중개사들은 더욱 정확하고 신뢰할 수 있는 정보를 바탕으로 중개 활동을 할 수 있게 되었다.

프롭테크의 VR(가상 현실)과 AR(증강 현실) 기술은 부동산 중개업에서 가상 투어와 시뮬레이션을 가능하게 한다. 고객은 VR을 통해 매물을 직접 방문하지 않고도 가상 투어를 할 수 있으며, AR을 활용해 리모델링 후의 모습을 시뮬레이션할 수 있다. 이를 통해 고객은 매물의 미래 가치나 개발 계획을 시각적으로 이해하고, 더 나은 의사결정을 할 수 있다.

블록체인 기술은 부동산 거래의 투명성을 크게 향상시킨다. 거래 기록을 안전하게 보관하고 위·변조를 방지해 신뢰할 수 있는 거래 환경을 제공한다. 스마트 계약은 계약 조건이 충족되면 자동으로 계약이 실행되는 시스템으로, 거래 과정의 효율성을 높이고 중개 과정에서의 분쟁을 줄이는 데 기여한다.

스마트홈 기술은 부동산의 가치를 높이는 중요한 요소다. 스마트 온도 조절기, 보안 시스템, 자동화된 조명 등을 포함한 주택은 부가가치를 가지며, 거주자에게 편리함을 제공한다. 또한, IoT를 활용해 건물의 에너지 효율성, 유지 보수, 보안 등을 최적화하고, 실시간 모니터링을 통해 문제를 조기에 발견하고 대응할 수 있다.

프롭테크의 발전은 공인중개사의 역할에도 큰 변화를 가져왔다. 이제는 단순히 매물을 소개하는 것에서 벗어나, 데이터를 기반으로 한 분석과 고객 맞춤형 서비스를 제공하는 전문 컨설턴트의 역할이 요구된다. 디지털 도구를 적극적으로 활용하고, 프롭테크와 함께 중개업의 효율성과 신뢰성을 높여야 한다.

    자동화된 계약 실행은 앞으로 부동산 중개업에서 더욱 발전할 것으로 예상된다. 스마트 계약을 통해 조건이 충족되면 자동으로 계약이 실행되며, 블록체인으로 거래 내역이 안전하게 기록된다. 이는 부동산 거래의 효율성을 극대화하고, 분쟁을 최소화하는 데 중요한 역할을 할 것이다.

    프롭테크의 혁신은 부동산 중개업에 많은 기회를 제공하며, 이를 효과적으로 활용하는 것이 사무실의 성공에 중요한 역할을 한다. 기술적 변화를 적극적으로 수용하고 고객의 기대를 초과하는 서비스를 제공하는 것이 현대 부동산 중개업의 핵심 과제다.

부동산 중개에 프롭테크를
활용하는 방법

부동산 중개업은 디지털 기술의 도입과 함께 빠르게 변화하고 있다. 프롭테크(PropTech)는 부동산(Property)과 기술(Technology)의 합성어로, 기술을 통해 부동산 중개업의 다양한 업무를 효율적으로 개선하고 있다. 특히, 온라인 플랫폼부터 AI(인공 지능), VR(가상 현실), 드론에 이르기까지 여러 기술이 중개업에 활발히 적용되면서 고객에게 더 나은 경험을 제공하고 중개사의 업무를 단순화하는 데 중요한 역할을 하고 있다.

부동산 중개에서 가장 기본적이면서도 중요한 기술 중 하나는 온라인 플랫폼을 활용한 매물 관리다. 매물을 다양한 온라인 플랫폼에 등록함으로써 더 넓은 고객층에게 노출시키고, 빠르게 매물 정보를 업데이트할 수 있다. 특히, 최근에는 VR과 360도 사진을 통해 고객이 직접 방문하지 않고도 집 내부를 상세히 볼 수 있는 가상 투어 서비스가 점점 더 많이 활용되고 있다. 이러한 기술은 고객이 거주지와 멀리 떨어져 있거나 시간 여유가 없는 경우에도 매물을 쉽게 둘러볼 수 있도록 도와

준다. 이를 통해 고객과의 소통 기회를 확장하고, 더 많은 계약 성사 가능성을 열 수 있다.

부동산 시장에서 데이터 분석은 중요한 도구가 되고 있다. AI와 빅데이터 기술을 활용하면 부동산 시장의 동향을 분석하고, 고객에게 최적의 매매 또는 임대 시점을 제안할 수 있다. 데이터 분석을 통해 고객의 성향이나 관심사를 파악하고, 맞춤형 매물을 제안하는 것도 가능하다. 예를 들어, 고객의 예산, 선호 지역, 매물 유형 등을 분석해 고객 맞춤형 매물 추천 서비스를 제공함으로써 중개업의 효율성을 높이고 고객의 만족도를 극대화할 수 있다.

최근 비대면 계약이 활성화되면서, 부동산 거래 과정에서도 전자계약 시스템이 많이 사용되고 있다. 스마트 계약은 거래의 서류 작업을 디지털화하고, 블록체인 기술을 통해 계약의 신뢰성과 투명성을 높이는 방법이다. 블록체인은 부동산 소유권 이전 과정을 안전하게 관리할 수 있는 기술로, 거래의 효율성과 안정성을 한층 강화할 수 있다. 고객은 블록체인을 통해 자신의 매물 정보와 거래 과정을 실시간으로 확인할 수 있으며, 실시간 알림 시스템을 통해 매물이 시장에 나왔을 때 즉시 알림을 받을 수 있다. 이를 통해 중개사는 고객과 더 신속하게 소통할 수 있다.

부동산 가격 예측에서 AI는 강력한 도구로 자리 잡았다. AI는 과거의 부동산 가격 변동 데이터를 기반으로 미래 가격을 예측하고, 시장 변동에 대비할 수 있는 투자 전략을 제안하는 데 유용하다. 이를 통해 중개사는 고객에게 더 정확한 정보를 제공하고, 고객의 투자 결정을 돕는 데 중요한 역할을 할 수 있다. 또한, AI 챗봇을 활용해 기본적인 고객 문의에 대한 자동 응답을 제공함으로서, 중개사의 업무 부담을 줄이고 고객 만족도를 높일 수 있다. 챗봇은 24시간 가동되므로 고객이 언제든지 원하는 정보를 얻을 수 있는 환경을 조성할 수 있다.

드론 기술은 부동산 중개업에서 항공 촬영 및 토지 측량에 중요한 역할을 하고 있다. 드론을 사용해 매물의 외관과 주변 환경을 촬영하면, 고객에게 더 나은 시각적 자료를 제공할 수 있으며, 특히 대규모 토지나 주택의 상태를 정확하게 전달할 수 있다. 고객이 매물을 방문하지 않아도 드론으로 촬영한 영상을 통해 매물의 입지 조건과 환경을 상세히 파악할 수 있어, 고객의 의사결정을 돕는 중요한 자료가 된다. 또한, 드론을 활용한 토지 측량은 부동산 거래에서 더 정밀하고 신뢰성 있는 정보를 제공하는 데 매우 유용하다.

클라우드 기술을 통해 중개사는 고객 데이터, 매물 정보, 계약서 등을 언제 어디서나 접근할 수 있도록 관리할 수 있다. 특히 여러 중개사가 동시에 매물 정보를 업데이트하고, 클라우드상에서 실시간으로 협업하는 것이 가능해졌다. 이러한 시스템은 업무의 효율성을 극대화할 뿐만 아니라, 데이터의 안정성을 보장해 중개사가 더 효과적으로 매물을 관리할 수 있도록 돕는다. 또한, 클라우드를 통한 자동화된 광고 캠페인과 맞춤형 이메일 발송 시스템을 활용해 고객의 관심사에 맞는 마케팅을 효과적으로 진행할 수 있다.

IoT(사물인터넷)를 활용하면 매물에 대한 정보를 실시간으로 모니터링할 수 있다. 예를 들어, 스마트홈 기기를 통해 주택의 보안 상태, 전기

사용량, 온도 조절 등을 원격으로 관리할 수 있어 중개사는 고객에게 더 나은 서비스를 제공할 수 있다. 고객이 매물의 상태를 언제든지 확인할 수 있도록 지원하는 IoT 기술은 매물의 가치를 더욱 높이고 고객의 신뢰를 얻는 중요한 도구로 자리 잡고 있다.

프롭테크는 부동산 중개업의 효율성과 경쟁력을 크게 향상시킬 수 있는 도구다. 22년 차 공인중개사로서, 기술 발전에 발맞춰 프롭테크를 적극적으로 활용하는 것이 미래의 성공을 결정짓는 핵심 요소가 될 것이다. 온라인 플랫폼, AI, 블록체인, 드론과 같은 기술을 도입해 고객에게 더 나은 서비스를 제공하고 중개업의 효율성을 높일 수 있다. 기술의 발전은 중개업의 미래를 더욱 밝게 만들어주며, 이를 적극적으로 받아들이고 활용하는 공인중개사가 시장에서 성공할 가능성이 더 높아질 것이다.

디지털 혁신과 프롭테크 도입이 중요한 이유는 고객의 요구를 충족시키고 변화하는 시장에서 경쟁력을 유지하는 데 필수적이기 때문이다. 공인중개사들이 프롭테크를 활용해 미래의 부동산 시장에서 성공하는 방법을 제시하며, 중개업의 새로운 방향성을 모색하는 데 큰 도움이 될 것이다.

부동산 시장은 급격히 변화하고 있다. 특히 디지털 기술의 발전은 중개업의 근본적인 변화를 가져오고 있으며, 이 변화에 공인중개사로서 어떻게 대응할지 고민해야 할 시기가 왔다. 고객층의 연령대는 점점 낮아지고 있으며, 젊은 공인중개사들이 활발히 활동하는 시대가 도래했다. 이런 환경에서 살아남기 위해서는 스마트한 부동산 기법을 활용하고, 젊은 세대의 고객들과 후배 공인중개사들과 함께 나아가는 길을 모색해야 한다.

최근 사무실에서의 경험을 보면, 젊은 직원들이 10분 만에 처리하는 업무를 필자는 한 시간 넘게 걸리곤 한다. 기술 변화에 적응하지 못하면 뒤처질 수 있다는 점을 다시 한번 깨닫게 된다. 빠르게 변하는 시장에 적응하는 방법을 찾기는 어려운 일이지만, 어렵다고 포기한다면 결국 그 변화에 뒤처지게 될 것이다. 포기하지 않고 끝까지 노력하는 것만이 살아남는 공인중개사가 되는 길이다.

변화하는 시장 환경에 효과적으로 대응하는 방법 중 하나는 프랜차이즈 시스템을 활용하는 것이다. 현재 국내에는 부동산 프랜차이즈를 성공적으로 운영하는 사례가 많지 않지만, 프랜차이즈 시스템을 활용해 협업하는 방법은 매우 효과적일 수 있다. 이미 체계적으로 구축된 시스템과 노하우를 활용하면 중개 활동의 효율성을 높이고 수익을 공유하는 방식으로도 충분히 경쟁력을 유지할 수 있다. 개인적으로 프랜차이즈 시스템에 대한 두려움은 없으며, 오히려 변화에 적응하는 효율적인 방법이라고 생각한다. 이러한 시스템에 가입해 함께 성장하고 변화의 흐름에 편승하는 것이 성공의 길이 될 수 있다.

미래의 공인중개사는 단순히 부동산을 매매하는 역할을 넘어, 후배 공인중개사들이 성장할 수 있도록 돕는 멘토 역할도 중요해질 것이다. 선배 공인중개사의 경험과 노하우를 바탕으로 후배들이 나아갈 방향을 제시하고 성장의 버팀목이 되는 것은 매우 중요하다. 부동산 중개업의 선진 문화를 발전시키기 위해 지식과 경험을 공유하는 것이 필요하다.

디지털 전환 시대에 살고 있는 지금, 공인중개사로서 성공하기 위해서는 디지털 역량을 강화하는 것이 필수적이다. 기술의 발전 속도에 맞춰 꾸준히 새로운 도구와 시스템을 배우고, 이를 통해 고객에게 더 나은 경험을 제공하는 것이 공인중개사의 경쟁력을 강화하는 핵심 요소다.

디지털 전환은 부동산 중개업에 큰 기회이자 도전이다. 22년 차 공인중개사로서 이 변화를 잘 이해하고 적응하는 것이 미래의 성공을 위한 중요한 요소다. 예를 들어, 부동산 관련 AI 도구나 빅데이터를 활용한 시장 분석은 고객에게 더 정밀한 정보를 제공할 수 있는 기회를 준다. 또한, VR 시스템을 통해 고객들이 직접 현장을 방문하지 않고도 매물을 체험할 수 있는 환경을 제공하는 등, 다양한 디지털 기술이 중개업에 도입되고 있다.

디지털 전환과 기술 도입이 중요하지만, 그 무엇보다도 꾸준함과 포기하지 않는 근성이 성공의 가장 중요한 열쇠다. 부동산 중개업에서 성공한 사람들은 특별한 능력을 갖춘 것이 아니라, 계속해서 배워나가고 도전했기 때문이다. 실패를 경험했을 때 포기하지 않고 계속해서 시도하는 자세가 중개업에서 성공할 수 있는 핵심 비결이다.

고객의 신뢰를 얻고 계약을 성사시키기 위해 끊임없이 노력하며 고객과의 소통을 유지하는 것이 중요하다. 계약을 체결하는 것만큼이나 고객이 다시 필자를 찾아오게 만드는 것이 더 큰 실력이라고 생각한다. 계약이 깨질 상황에서도 끝까지 포기하지 않고 고객과의 관계를 유지하는 것이 성공적인 중개업의 중요한 부분이다.

부동산 중개업은 앞으로도 기술 발전과 디지털 전환을 통해 계속해서 변화할 것이다. 이러한 변화 속에서 공인중개사로서 성공하기 위한 핵심 요소는 꾸준한 자기 계발과 새로운 기술에 대한 적응력이다. 22년 차 공인중개사의 실무 경험을 바탕으로, 이 책을 통해 후배 공인중개사들에게 중요한 교훈을 전달하고자 한다. 디지털 역량을 강화하고 포기하지 않는 꾸준함을 바탕으로 여러분도 부동산 중개업에서 성공할 수 있다. 기술의 발전을 두려워하지 말고, 변화를 적극적으로 받아들여 고객에게 더 나은 경험을 제공하는 공인중개사가 되길 바란다.

공인중개사로서의 미래는 기술과 꾸준함에 달려 있으며, 이러한 요소들을 잘 활용한다면 여러분 역시 성공적인 커리어를 쌓을 수 있을 것이다.

부동산 중개업에서 성공하기 위한 실무 경험과 미래의 역할 변화에 대한 통찰을 제공하며, 후배 공인중개사들에게도 큰 도움이 될 수 있도록 실무적인 조언과 미래에 대한 준비를 같이해 성공적인 공인중개사가 되기를 바란다.

에필로그

부동산 중개업에 뛰어든 지 벌써 22년이 넘었다. 이 책은 그간의 경험과 교훈, 그리고 도전의 결과물이다. 책을 집필하기까지의 과정은 결코 짧지 않았다. 오랜 시간 동안 머릿속에서만 상상하던 목표를 드디어 행동으로 옮겼고, 그 과정 중에는 부끄럽기도 하고 부족하다고 느껴지기도 했다. 그러나 두려움보다 더 큰 용기가 있었기에, 이렇게 책을 출판할 수 있다.

독서 모임을 통해 축적한 지식과 통찰, 그리고 오랜 경험을 담아낸 이 책은 버킷리스트 중 하나였다. 책을 쓰는 과정은 중개업을 처음 시작했을 때의 새로운 도전과 같았고, 그 도전이 마침내 열매를 맺은 순간이다. 물론 중개업 22년 동안 수많은 어려움과 고비가 있었다. 때로는 포기하고 싶을 만큼 힘든 순간도 많았고, 사건과 사고가 발생할 때마다 걱정에 잠 못 이루기도 했다. 그러나 시간이 지나면서 그때의 문제들이 결국 모두 해결되었고, 그 경험이 더 단단하게 만들었다는 것을 느낀다. 그렇게 단단해지면서 부동산 중개업이라는 직업에 자부심을 느끼고 부동산 중개업 직업을 선택하기 너무 잘했다는 생각이 들며 오늘의 만든 그 모든 경험을 이 책에 담았다.

공인중개사로서의 22년 동안, 많은 사람과 부딪히며 다양한 사건과 문제를 해결해왔다. 그런데도, 만약 다시 태어난다면 이 직업을 선택할 것이다. 공인중개사는 고소득을 창출할 수 있는 전문 직업이자, 필자에게 큰 보람과 자부심을 주는 일이다.

그리고 부록으로 넣은 중개 실무사례를 작성하면서 너무 신기했다. 그 사례들이 하나하나 사건과 사고가 일어날 때마다 매우 힘들고 괴롭고 해결을 위해 많이 고민하고 노력했을 텐데 신기하게도 지금은 그 상황 등이 잘 기억나지 않았다. 수만 건의 계약 중 기억에 남는 상황들이 많이 없었다. 그 이야기는 내가 정말 그때는 힘들었지만, 막상 기억이 없으니까 모든 일은 그냥 정말 편안하게 그 상황이 생각이 안 나는 상황이었다. 그래서 모든 일은 시간이 지나가면 모두 정리가 된다.

특별한 능력을 갖춘 사람이 아니다. 컴퓨터를 잘 다루지 못하고, 스마트폰 사용도 늦었다. 하지만 그런데도 포기하지 않고 꾸준히 노력하는 것이 필자가 중개업에서 성공할 수 있었던 비결이라고 생각한다. 공인중개사로서 고객에게 좋은 매물을 제시하고, 그들이 원하는 결과를 이끌어내기 위해 끊임없이 노력해왔다. 계약을 체결하는 것만큼 중요한 것은 포기하지 않는 자세다. 계약이 깨질 위기에 처해도 끝까지 고객과 소통하고 해결책을 찾아내는 것이 진정한 실력이라고 믿는다. 고객이 떠났더라도 다시 필자를 찾게 만드는 것도 중개업의 중요한 부분이다. 이러한 실무 경험과 노하우를 이 책을 통해 독자분들과 공유해 도움을 주고자 했다.

중개업을 하면서 성공한 모습처럼 보일 수 있지만, 사실 누구나 할 수 있는 일이라고 생각한다. 단, 포기하지 않는다면 말이다. 공인중개사로서 성공하기 위해서는 꾸준한 자기계발과 끊임없는 도전이 필요하다. 꾸준함과 근성이야말로 필자의 성공 비결이다. 특별한 재능을 가진 사람이 아니지만, 노력과 성실함으로 이 자리에 왔다.

이 책을 통해 독자들이 필자의 경험을 바탕으로 더 나은 공인중개사로 성장하기를 바란다. 공인중개사는 자기계발이 중요한 직업군이며, 끊임없이 배우고 도전해야 하는 일이다. 이 책이 여러분의 도전과 성장을 돕는 작은 밑거름이 되길 바란다.

끝으로, 중개업을 시작하고자 하는 분들에게 전하고 싶은 메시지가 있다. 어떤 방법으로 중개업을 시작하든, 누구도 비난하지 않는다. 모든 경험인 것이 되며, 그 경험을 토대로 더 나은 미래를 만들 수 있다. 꾸준히 노력하고 포기하지 않으면, 여러분도 충분히 성공할 수 있다.

책을 쓰면서 드는 생각은 참 부동산 중개업은 쉬운 일이라는 것이다. 이렇게 쉬운 공인중개사 일을 모두 두렵고 어렵다고 생각한다. 하지만 전혀 그렇지 않다. 부동산 중개업을 하면 좋은 결과와 즐겁고 행복한 삶을 보낼 수 있다. 그래서 고민하지 말고 두려워하지 말고 편안하게 즐겁게 시작했으면 좋겠다.

이 책을 통해 공인중개사의 길을 걷는 모든 이들이 자신감을 가지고 도전하길 바란다. 이 글을 통해 부동산 중개업에 대한 풍부한 경험과 꾸준한 도전 정신을 잘 전달할 수 있도록 노력했다. 독자들이 공인중개사로서 실무 경험과 노하우를 통해 큰 영감을 받을 수 있기를 기대한다.

정진숙

부록

중개 실무
사례 20선

아파트 매매

내 새끼가 가장 예쁘지만 그래도 시집을 보내야 한다. 부동산 중개를 하다 보면 매도인이 자기 집에 대한 애착과 자부심으로 높은 가격을 요구하는 경우가 많다. 그런데 이번 사건은 그 정도가 심해서 매도와 매수 모두에게 큰 스트레스가 되었다. 22년의 중개 경력 중에서 기억에 남는 사례다.

집이 너무 좋아서 문제다. 이번 고객은 자기 집이 정말 완벽하다고 생각했다. 신축 아파트였지만, 감각적으로 수리해 매력적인 상태였다. 매도인은 이 집이 지역에서 최고라고 믿고 있었고, 시세보다 훨씬 높은 가격을 요구했다. 하지만 매수인들은 집이 예쁘다는 칭찬만 하고 돌아설 뿐, 높은 가격 때문에 구매 결정을 내리지 못했다.

이때부터 고민이 시작되었다. '어떻게 하면 이 가격을 매수인이 수용하게 만들 수 있을까?' 고객의 요청은 단호했다. 필자는 이 가격 이상으로 팔 수 없었다.

"수리비도 많이 들었고, 집도 너무 마음에 드니까. 필요하면 옵션까지 다 두고 갈 테니 가격만 낮추지 마세요."

매도인은 원래 사용하던 가전제품이나 기타 옵션을 두고 갈 테니, 그걸로 매수인이 만족하고 가격을 더 높게 계약해 달라고 요구했다. 하지만 매수인들이 문제였다. 집의 상태는 마음에 들어 했지만, 결국 가격 때문에 고민만 하다가 포기했다. 그렇게 시간이 지나던 어느 날, 드디어 적극적으로 매수 의사를 밝힌 고객이 나타났다. 그러나 그 고객도 높은 가격을 문제로 삼았다.

"가격을 조금만 더 낮춰주면 바로 계약하겠습니다"라고 말했다. 이 고객과는 무려 1박 2일 동안 대화가 이어졌다. 매도인이 왜 집을 팔아야 하는지, 왜 빨리 계약을 진행해야 하는지를 하나하나 설명했다.

고객의 첫 번째 이유는 대출 상환이었다. "이 집을 팔아야 대출 이자를 더 이상 내지 않아도 돼요." 두 번째 이유는 직장 이직이었고, 세 번째로는 아이의 새 학기 학교 배정을 위해서 이사해야 한다는 이유였다. 필자는 집을 팔아야 하는 이유와 지금이 적절한 시점이라는 점을 설득했고, 결국 매도인은 가격을 조정하게 되었다.

이 과정에서 필자는 매도인에게도 조언했다. "지금 집을 파시고 나면, 새로 갈 집은 평수를 줄이더라도 매수하시는 게 좋아요. 집은 천천히 자금 상황에 맞춰 수리하시면서 사는 게 더 좋을 것 같아요." 이러한 조언 덕분에 매도인은 마음을 조금씩 열기 시작했다. 필자는 그가 이 집을 팔고 움직일 수 있는 방안을 계속해서 제시했다.

매도인이 팔아야 하는 이유를 명확히 인식시키면서 제시 매물을 찾아서 새로 매수할 매물을 다시 제시해야 한다. 가는 입지의 투자 가치, 미래 가치를 강조해야 한다.

마침내 가격이 조율되어 계약이 성사되었다. 네이버에 매물을 '거래 완료'로 표시한 순간, 인근 중개사무실들도 소식을 알게 되었고, 여러 군데에서 전화가 왔다.

"그 가격이면 우리도 고객이 있었어요."
"좀 더 비싸게 팔 수 있었을 텐데 싸게 팔았네요."

이런 말들이 매도인에게 전해지면서, 그는 갑자기 가격에 대해 후회하기 시작했다. 이후 매도인과의 신뢰가 조금씩 흔들리기 시작했다.

게다가, 계약금이 입금되자마자 매도인이 옵션에 대한 말을 바꾸기 시작했다. 빌트인 냉장고를 떼어가겠다며, 계약 당시와는 전혀 다른 행동을 보인 것이다. 그뿐만이 아니었다. 계약서에 포함되었던 식기세척기와 인덕션까지도 전부 가져가겠다고 주장했다.

이때부터 상황은 더욱 복잡해졌다. 매도인의 일관되지 않은 행동에 매수인은 불만을 품었고, 필자는 중간에서 많은 스트레스를 받았다. 매도인이 원하는 조건을 모두 들어줬음에도, 이렇게 문제가 발생한 것이다.

매도인과 대화가 통하지 않자, 필자는 매도인의 남편과 대화를 시도했다. 남편분은 매수인에게 가전제품을 두고 가되, 빌트인 냉장고만은 표시 나지 않게 가져가겠다고 설득했다. 필자는 그를 믿어봤지만, 결국 그마저도 불가능하다는 결론에 이르렀다. 빌트인 냉장고는 그대로 두고, 다른 옵션들도 최대한 원상태로 두고 가는 것으로 마무리되었다.

결국 매도인은 아쉬움을 남기고 떠났고, 그로 인해 매수인과 필자는 많은 스트레스를 받았다. 그러나 지금은 매수인이 필자와의 신뢰를 회복하고, 가끔 커피도 내려 함께 마시며 집안도 구경하는 등 친하게 지내고 있다.

이번 중개 계약을 통해 부동산 중개에서 특약 사항을 명확하게 기재하고, 계약 전후의 변동 사항을 꼼꼼히 체크하는 것이 얼마나 중요한지 다시금 깨달았다. 매도인의 요구가 비합리적일 때, 중개사는 설득과 타협의 다양한 방법을 준비해두어야 한다는 것도 중요한 교훈이었다.

시간이 지나면 모든 일은 다 해결된다. 서로 매도했고 매수를 했기에 각 이사할 입지에도 일이 연결되어 있어 어느 선의 적정선을 잘 유지하고 해결하면 모든 일은 마무리된다.

사례 02

아파트 전세

2년 전에 임대차 계약을 해드린 신혼부부가 있었다. 2년 전보다 아파트 가격이 내렸고 신혼부부도 청약도 많이 발생이 되지 않아 세종의 아파트를 매수하고자 원했다고 한다. 세종시의 아파트를 매수하기 위해서 우리 사무실을 다시 방문했다. 임대가 만기가 되고 이러한 상황들을 명확하게 알고 있기에 임차인과 같이 여러 군데의 집을 봤다. 그 집의 자금력에 맞춰서 나의 동네가 아닌 다른 동네에 아파트 매매계약을 진행하게 되었다.

물론 공동중개를 했다. 공동중개 계약서 작성을 하려고 했는데 매도인의 주소가 나성동이었다. 필자가 일하고 있는 현장에 바로 맞은편 아파트 단지에 거주하고 계신 거였다. 반가운 마음에 그냥 인사를 했고 매도인도 필자를 보고 놀라는 표정을 지었지만 계약할 때 정말로 친절하고 성실하게 계약했다. 정말로 그 매도인을 감동하게 할 정도로 계약 내용을 꼼꼼하게 체크하고 계약 마무리를 잘했다. 그리고 한 달이 지나서였다.

매도인이 필자의 사무실을 방문했던 것이었다. 필자도 많이 놀랐다. 안녕하시냐, 어떻게 오셨느냐고 이야기하니 매도인은 사실 매물 현장 중개사무실에 내놓았는데 잘 거래가 안 되는 것 같아 우리 중개사무실에 의뢰해볼까 이야기하고 주말에 왔다고 한다. 그날 계약이 되어 계약을 여기서 했다고 했다. 잔금을 하기 전에 매도인이 내려와서 다소 작은 평형대의 층수가 5층이라 뷰가 나오는 로열층을 사고 싶다고 의뢰해주었다. 이처럼 계약 하나 공동중개 하나 하는 것 또한 필자는 미루지 않고 적극적으로 이야기를 하면서 계약서를 꼼꼼하게 읽고 체크를 하려고 노력했다.

매물이 많은 우리 사무실에서는 필자가 계약 진행을 다 한다. 공동중개를 하는 중개사무실에 가도 공동중개 대표가 좀 어설프거나 어려워하면 필자가 진행한다.

매도인에게 강한 인식을 남긴다 이렇게 매도인이 필자 저희 당연히 집을 매도했기에 자금력이 있으니 그 돈을 가지고 다시 대형 평형으로 갈아타고 경치가 좋은 로열층으로 간다는 말씀에 우리가 매물을 내놓았다. 그 로열층 매물을 필자와 연거푸 계약했다.

매도인은 중개수수료를 원하는 대로 주겠다고 하실 정도로 우리 중개사무실에 만족도가 높았다. 다른 지역 매물도 원하는 금액에 매도해주고 원하는 로열층 매수도 진행해주었기 때문에 감사하다고 인사를 자주 하셨다.

이처럼 계약 1건에서 계약서 진행하는 1건에서 정말로 성심껏 성의껏 진행했더니 한 명의 매도인과 계약을 3건이나 성사시킬 수 있었다.

이건 정말로 필자만 아는 노하우다. 이렇게 중개 실무 사례가 많은 중개사무실이 있겠지만, 이 책에서는 정말로 필자가 손을 꼽고 현장에서 중개하면서 도움을 받으시라는 사례 건들 채워지고 있다. 이렇게 매도인한테 만족도를 높여줌으로 인해 우리는 중개에 보람을 느꼈다.

Tip
여러 명의 임대인을 설득하는 방법은 그동안 계속 통화하고 좀 부드러운 임대인에게 먼저 금액과 렌트프리를 제시한다. 이후 차츰 다른 호실도 해주셨다고 하면 설득을 해나가면 많은 분이 협조를 해준다.

상가 임대차 중개

부동산 중개업은 그야말로 변수가 많은 직업이다. 하루하루가 도전의 연속이며, 그 도전 속에서 새로운 기회가 찾아온다. 오늘도 그 여느 때처럼 한 고객이 사무실을 찾았다. 얼마 전, 우리는 대패삼겹살집을 100평 내외의 상가에 입점시키는 성과를 올렸다. 당시 임차인은 넓은 면적과 좋은 입지를 원했고, 우리는 적합한 매물을 찾아 성사시켰다.

하지만 입지가 문제였다. 대패삼겹살집 임차인은 기존에 운영 중인 가게의 권리금을 받고 새로운 매물을 찾고 있었다. 그래서 우리는 매물을 접수하고 곧바로 광고를 통해 매수인을 찾았다. 매수인은 매물의 입지를 보고 매우 만족하며 계약 의사를 밝혔다. 그런데 갑자기 매도인이 마음을 바꾸었다. 매물을 팔지 않고 프랜차이즈 사업을 시작하겠다고 하며 계약을 철회했다. 이에 따라 계약을 눈앞에 두고 있던 임차인은 다른 매물을 찾아야 하는 상황에 놓였다.

고객의 요청을 해결하기 위해 우리는 과감한 결정을 내렸다. 필자가 근무하고 있는 상가의 1층에 100평을 새로 만들어주겠다고 약속했다.

임차인에게 현장을 직접 보여주며 기다려달라고 요청했고, 회사와의 조율을 시작했다. 임대인들과 면적 조정을 협의하면서 하나하나 퍼즐을 맞추듯 물건을 만들어갔다. 계약서를 준비하면서 임차인은 중요한 결정을 앞두고 상의해야 한다며 시간을 요청했다.

그러던 중 대표님께서 직접 오셔야 하는 상황이 발생했다. 평소 주말에도 일하는 성실한 분이었지만 그날은 일요일이라 쉬고 있었고, 날씨는 춥고 컨디션도 좋지 않았다. 하지만 그는 사무실을 방문했다. 그러나 안타깝게도 우리는 그날 사무실을 비워두고 있어 옆 사무실로 이동했다. 옆 사무실에서 다른 중개사무실들이 공동으로 매물을 보여주며 임차인과 대표를 안내했고, 결국 매물이 계약 직전까지 가지는 못했다.

우리 사무실에서도 다양한 매물을 확보하고 있었지만, 몇몇 매물은 임대료가 높고, 다른 중개사무실이 관리하고 있었기에 브리핑조차 어려운 상황이었다. 그런데도 우리는 계약을 원했던 임차인에게 대안을 제시했고, 마침내 그는 우리 매물로 계약하기로 했다. 그는 임차인이 원하는 조건을 맞춰달라고 요청했고, 금액 조율과 렌트프리 조정을 원했다. 우리는 소유주와 긴밀히 협력하며 8개 호실의 임대인들과 모두 연락을 취해 협상에 들어갔다. 하나하나 자세히 설명하며 브리핑하고, 각 임대인을 설득해 마침내 계약을 성사시켰다.

그렇게 1년이 지난 어느 날, 그 임대인이 사무실을 다시 찾아왔다. 오랜만에 만난 임대인의 얼굴은 반가웠지만, 임대인이 계약한 임대인의 모습이 가물가물할 정도로 시간이 많이 흘렀다. 임대인은 우리 사무실이 8명의 임대인을 설득해 100평을 만들어냈다는 사실이 처음에는 믿기지 않았다고 했다. "이렇게 많은 임대인을 하나로 묶어 계약을 성사시키는 건 정말 쉽지 않은 일이라고 생각했어요. 그래서 처음에는 계약이 어렵겠다고 판단했지요"라고 임대인이 말했다. 하지만 그때, 우리 사무실에서 계약하러 오라는 연락을 받고 깜짝 놀랐다고 했다. 결국 계약서를 작성하고, 임대료를 받기 시작하면서 우리 능력을 인정하게 되었다며 웃음을 지었다.

임대인은 이어서 매물의 매매를 의뢰했다. "이 매물은 여기서 팔아주지 않으면 세종시의 어느 중개사무실도 팔 수 없을 거라고 생각해요." 그의 믿음은 우리의 노력이 헛되지 않았음을 보여주는 증거였다. 상가 임대차 계약은 특히 용도변경이나 용도현황과 관련된 문제로 인해 성사 여부가 불투명할 때가 많다. 더욱이 이런 매물을 공동중개가 아닌 단독으로 계약하기는 보통 어려운 일이 아니다. 우리는 8명의 임대인을 일일이 설득해 단독 계약을 성사시켰고, 이 과정에서 많은 노력과 끈기가 필요했다.

계약 후에도 우리는 임차인이 성공할 수 있도록 최선을 다해 지원했다. 계약한 대패삼겹살집 잘되도록 한 달 동안 주기적으로 방문했고, 아는 지인들의 모임 장소를 그 상가로 유도했다. 블로그와 유튜브를 통해 대대적인 홍보를 진행하며 매장의 인지도를 높였다. 그 결과, 그곳은 입소문을 타고 고객들로 붐비게 되었고, 대기가 있을 정도로 장사가 잘되었다. 이러한 성공은 임차인 운영자의 영업 노하우와 다양한 마케팅 스킬이 더해진 결과였다. 현재 임차인은 세종시에 두 개의 매장을 추가로 오픈 준비 중이며, 한 매장 역시 우리 사무실이 선택한 상가에서 성사되었다.

이처럼 상가 중개업은 절대 포기하지 않고 끝까지 물고 늘어져야 한다. 때로는 소유주조차 포기한 입지를 끝까지 지키고, 성공을 끌어내는 것이 중개사의 가장 중요한 임무다. 필자는 22년 동안 부동산 업계에 몸담아 오면서, 이러한 끈기와 열정이야말로 공인중개사의 본질임을 체감했다. 오늘의 성공은 어쩌면 내일의 발판일 뿐이다. 더 어려운 도전과 더 큰 성공을 향해 나아가며, 필자는 다음에도 더 큰 사건을 끌어낼 것이다.

앞으로도 필자는 상가 중개업에서 변화를 만들어가는 주인공으로서, 새로운 도전과 기회를 만들어갈 것이다. 고객과의 신뢰를 바탕으로, 더 많은 성공 사례를 쌓아갈 것을 다짐한다. 다음 장에서는 지금까지와는 또 다른, 더 복잡하고 더 감동적인 사례를 소개하겠다.

Tip

상가 임대차를 계약하면 영업장에 화분은 기본으로 보내 계약한 중개사무실도 홍보한다. 영업이 시작되면 블로그와 유튜브로 홍보 영상이나 포스팅해주고 광고해 영업이 잘되도록 항상 신경 쓰고 광고를 같이 협조하면서 진행한다.

뷔페 중개

약 1년 전, 잊을 수 없는 상가 임대차 사건이 있었다. 당시 한 임대인으로부터 상가 임대차 문의가 들어왔고, 현장에 방문했을 때 상황은 실로 처참했다. 500평 규모의 뷔페가 코로나19로 인해 영업이 중단되었고, 임대인들은 임대료를 받지 못하는 억울한 상황이었다. 재임대도 놓지 못하고, 임차인 연락 두절로 원상회복도 안 되어 막막한 상태에서 상가의 물건 의뢰를 받게 되었다.

이미 단체 명도소송을 진행 중이었고, 철거 소송이 끝날 때까지 1년이란 긴 시간을 견뎌야 했다. 소송이 마무리된 후에야 비로소 임대인들이 권리를 행사할 수 있는 상황이 되었고, 필자는 이 물건의 임대차를 진행하게 되었다.

그러나 부동산 계약서만으로는 해결할 수 없는 문제들이 많았다. 임대인의 권리행사조차 어려운 사례가 많았으며, 특히 이 사례는 전형적인 '순간의 선택이 10년간 손해를 보는' 경우였다. 이전 임대료가 3억 원에 월세 3,500만 원이었지만, 그동안 제대로 임대료를 받은 적이 없었고 소송까지 겹쳐 임대인들은 지칠 대로 지친 상태였다.

문제는 임대인이 한두 명이 아닌 6명이었고, 6개의 호실로 나뉘어 있었다. 각자의 생각과 상황이 달라 통합적으로 임대차를 진행하는 것이 매우 어려웠다. 입지 조건도 좋고, 대형 상가였지만 6명의 임대인을 설득하고 조건을 조율하는 일은 불가능에 가까웠다. 게다가 법 개정과 용도변경의 문제들이 겹쳐, 실제로 임대차 계약을 성사하기가 매우 어려운 상황이었다.

상가 임대차 계약을 진행하며 수많은 중개사무실에서 이 매물에 접근했지만, 조건 조율과 용도변경 문제에 막혀 번번이 실패했다. 필자 또한 수없이 포기하고 싶은 순간이 있었다. 임차인은 한 명이었지만, 6명의 임대인을 조율하는 과정은 세종시에서 흔치 않게 발생하는 일이었다. 처음부터 끝까지 어려움이 많았고, 6명의 임대인 간에도 분쟁이 생기면서 서로의 견해를 고수하는 바람에 시간이 지연되었다.

그렇게 1년이 지나 드디어 계약서 작성 날이 왔다. 계약서를 뽑아내기까지 수많은 조율과 협상을 반복하며 많은 에너지가 소모되었다. 글을 쓰는 지금도 진이 다 빠져 타이핑하는 것조차 힘든 상황이다. 이처럼 어려운 계약을 성사시킬 수 있는 중개사무실이 세종시에 거의 없다는 것을 임대인들도, 임차인들도 알게 되었다.

여러 중개사무실에서 이 매물을 다루려 했지만, 조건 조율이 쉽지 않앗고, 매매가 성사될 거라는 보장도 없었다. 다른 중개사무실에서 직접 임대인의 연락처를 받아가기도 했지만, 실제 계약을 성사시키는 데는 실패했다. 이러한 조건으로 계약을 진행할 중개사무실이 많지 않았기 때문이다.

보증금 3억 원에 월세 1,900만 원(부가세 별도)이라는 큰 금액으로 임대차 계약을 완료하고 다 왔는데. 계약의 핵심은 용도변경과 설계 변경 비용을 서로 기분 상하지 않게 마무리 짓는 것이었다. 각자의 상황과 현황이 달라 임대인 설득에 많은 시간이 걸렸고, 임차인에게 11개월의 렌트프리를 요구하는 것도 매우 어려운 일이었다.

렌트프리를 설득하는 과정에서 가장 큰 걸림돌은 임차인의 인테리어와 시설 설치였다. 인테리어 자재를 외국에서 수입해와야 했고, 설치 기간도 길어질 수밖에 없었다. 결과적으로 9개월이 소요되었고, 용도 변경 기간까지 합쳐져 총 11개월의 렌트프리를 요구하게 된 것이다.

어렵게 설득을 마치고 계약서를 6장이나 뽑아내는 순간, 한숨이 나왔다. 10년간 월세를 받지 못한 임대인들의 어려움을 직접 느끼며, 필자가 중개한 이 계약이 얼마나 큰 의미인지 다시 한번 실감하려는 순간 한 개 호실 임대인이 동의를 못 하겠다는 연락이 왔다. 상가를 분양받아 월세를 기대했던 임대인들은 오히려 경제적 손실을 겪은, 그런 이들에게 필자는 위로와 함께 계약서를 건네고 싶었으나 한 분의 생각이 설득이 안 되어 끝내는 계약서 도장을 찍지를 못했다.

이번 계약에서 비록 성공하지 못했지만, 임대인들과 끊임없는 소통과 설득하는 하나하나 많이 힘들었다는 생각과 여러 명의 임대인과 계약할 때는 정말 어렵다는 것을 다시 한번 생각하는 계약이었다.

이러한 과정을 통해 임대인들이 서로 미안함과 두려움을 느끼게 해서 계약이 진행되는 것이 당연한 상황인데 이번에는 끝내 개별 호실로 임대를 원하는 상황으로 바뀌어 많은 어려움을 겪은 계약의 사례였다.

무조건 계약을 성사시키는 내용을 담다가 이번 사례는 너무도 아쉬운 사례를 이야기해봤다.

임차인에게 임대료를 못 받고 원상회복하고 임대료를 받지 못한 상황의 임대인을 만났을 때는 또 다른 방법으로 접근해야 한다. 그 접근 방법은 임대인을 안심시키는 다양한 방법을 제시해서 해야 한다. 그 다양한 방법은 상황에 따라 알아보면 된다.

Tip 이 사례처럼 한 분을 빼고 다 설득할 때는 제소전화해조서를 작성하는 문구를 보내고 설득하는 근거 서류가 필요할 때도 있다.

장기 미체결 매매계약

부동산 매매계약을 하는 데 다소 어려움이 있었던 사례다. 그 이유는 사흘 전에 매물이 접수되었는데 상담하다 보니, 다른 중개사무실에서 6개월간 매도를 하기 위해 광고를 하고 관리했던 것이었다.

계약하고 나니 약간 미안한 생각이 들긴 들었다. 우리 또한 다른 그 중개사무실과 그 집을 같이 공동으로 여러 차례 봤었다. 하지만 그 중개사무실은 매매금액을 조율하지를 못했던 것 같다.

물건 의뢰받은 지 나흘 만에 계좌를 받아 매매 진행해 계약시키고 퇴근하는 길이다. 어떻게 그렇게 짧은 시간에 물량을 거래시켰을까? 방법은 딱 하나다. 그 사람은 매물을 매도한 후 서울에서 매수를 하겠다는 계획이 있었던 분이다. 필자는 서울의 매물을 빨리 사야 하는 이유와 근거를 계속해서 제시하면서 문자 메시지와 카카오톡 메시지로 정보를 제공했다.

그리고 매수인이 있으니 계좌번호를 달라고 연락을 취하며 정보를 계속 주고 있던 중, 드디어 그날 서울로 가서 매매 물량을 본다고 했다.

매매 물량을 조심해서 잘 보고 진행하다 어려움이 있으면 연락을 달라고 하면서 이 집을 매도하고, 월세를 진행하려고 하는 걸 필자는 월세가 아닌 매매 또는 전세로 진행하게 유도했다.

전세자금대출을 받으면 훨씬 금리가 낮고, 월세보다는 금액이 안정적이니 전세를 진행하자고 이야기했다. 다른 중개사무실들은 그냥 월세를 구해주겠다고 이야기한다. 하지만 필자는 월세를 구해주기보다는 전세자금대출을 받아 매도인의 나가는 비용 지출을 줄여주는 데 올인하고 몰입했다.

또한 아이가 어리기 때문에 방학 시즌에 이사할 수 있는 잔금 일정을 매수인에게 요청했다. 이렇게 매수인과 협정을 하고 매도인의 요구를 매도인에게 매도할 수 있는 근거를 자꾸 만들어주었다. 내내 서울 집을 보면서 궁금하신 사항, 어떠한 상황이 되는지도 계속해서 체크를 하고 내려오는 길에 조심히 내려오라는 문자 메시지와 인사 또한 놓치지 않고 계속했다.

10시에 내려오는데 문자 메시지가 왔는데 갑자기 금액이 500만 원을 올려달라고 했다. 내일이 주말이었다. 다른 중개사무실에서 필자가 제시한 매수 금액보다 1,000만 원을 더 올려준다는 이야기를 했다는 것이다.

처음에는 내일 볼 3팀이 있어 안 되겠다는 이야기를 계속 반복했지만, 어차피 서울 가서 살려고 마음을 먹었으면 오늘 계약금을 받아 내일 서울에 가서 가격을 깎아 얼른 계약하라고 이야기를 했다.

그래야 여기에서 1,000만 원, 2,000만 원을 더 받아봤자 서울로 가면 5,000만 원을 더 지급해야 하는 상황이니 고려하라고 이야기했다. 매도인이 이 말에 흔들렸다. 사실 6개월간 보유했던 중개사무실에서도 계좌번호를 받아달라고 한 적이 있었으나 안 나왔다는 이야기도 있었다. 우리가 제시했던 금액은 9억 4,500만 원이었으나 필자가 9억 5,000만 원으로 진행해 계좌번호를 받고 금액을 입금해 매매를 진행하고 퇴근하고 있다.

이처럼 매매계약을 진행할 때는 매도인의 필요한 부분, 원하는 상황, 매도인이 꼭 팔 수 있는 근거를 제시해줌으로써 거래가 원활하게 이루어질 수 있게 해야 한다.

Tip 매도인이 오랜 시간 계약이 안 되는 상황이라도 매도인의 성향에 맞는 지역을 선택해주면 계약 진행이 쉬워진다. 이처럼 매도하고 대안을 잘 설명하면 좋은 결과를 얻을 수 있다.

미분양 아파트

2022년 11월, 대전시에서 한 통의 문자 메시지를 받았다. 대전에서 민간임대 아파트가 분양을 시작한다는 내용이었다. 당시 아파트 분양 시장은 어려운 상황이었고, 미분양 물량도 많았다. 필자는 현장을 직접 확인하고, 이 아파트가 투자 목적으로 매력적인 기회가 될 수 있다고 판단했다. 일요일, 친한 언니 두 분과 함께 모델하우스를 방문했고, 그 자리에서 바로 계약을 결정했다.

필자가 이사해야 하는 상황이었고, 조건이 너무나 잘 맞아떨어졌다. 좋은 매물이라고 판단한 필자는 명함을 내밀며 자신을 소개했다. "유튜브와 블로그를 운영하는 공인중개사입니다. 이 아파트를 홍보해주면 어떤 조건이 있는지요?"라고 물었더니, 담당자가 웃으며 상사에게 보고하고 필자를 윗선에 소개해주었다.

그들은 중개사무실들에 MGM(맨친맨) 수수료를 1채당 100만 원씩 지급한다는 조건을 제시했다. 하지만 필자는 MGM에 관심이 있어서 계약한 것이 아니었다. 필자가 필요하고 원했던 집이었고, 투자 가치가 있다고 판단했기 때문에 고민 없이 계약을 진행했다. 하지만 이후 필자가 한 행동이 의도치 않게 새로운 기회를 만들어냈다.

계약 후, 이 일을 친한 고객들에게 이야기했다. "요즘 대전에서 괜찮은 조건의 민간임대 아파트를 계약했어. 위치도 좋고, 아이 앞으로 해도 괜찮을 것 같아"라고 말했다. 그러자 고객들도 흥미를 보이며 함께 모델하우스를 방문했고, 그 자리에서 본인들도 1채씩 계약을 했다. 그들은 필자 조언을 신뢰했고, 실제로 현장을 방문해본 후 필자의 판단에 확신했다.

그뿐만 아니라, 고객들이 회사의 직원들과도 이 정보를 공유하면서 상황은 급변했다. 주변 직원들도 하나둘씩 현장을 방문해 계약을 진행하기 시작한 것이다. 필자가 상담을 진행하고, 계약은 건설사가 처리하는 방식으로 일사천리로 진행되었다. 그렇게 총 25채의 분양이 이루어졌고, 필자는 1채당 100만 원의 MGM 수수료를 받게 되었다. 단순히 아파트를 계약한 것에서 시작된 일이 필자에게 예상치 못한 수익을 가져다준 것이다.

이 모든 것은 단순히 운이 좋아서가 아니라, 필자의 경험과 투자 판단력에서 나온 결과였다. 필자는 부동산 중개업을 오랫동안 해왔고, 수많은 현장을 경험하며 투자 판단의 눈을 키워왔다. 이번 아파트 계약도 필자의 판단력에 대한 자신감이 있었기 때문에 가능했다. 필자를 믿고 따르는 고객들이 있었고, 그들의 계약이 연달아 이루어지며 결과적으로 25채의 분양을 성사시킬 수 있었다.

그 결과, 필자는 미분양 아파트 분양 시장에서 이름을 알리게 되었고, 현재까지도 관련 문의를 계속 받고 있다. 이를 통해 필자는 단순한 중개수수료 외에도 홍보와 광고비용 등을 수익으로 연결하는 다양한 활동을 하고 있다. 필자의 마케팅 능력을 활용해 추가적인 수익을 창출하고, 부동산 중개 이외의 업무로도 성과를 내고 있다.

부동산 중개업 이외에도 다양한 분야에서 추가 수익을 만들 수 있다는 것을 보여주는 사례다. 하지만 이러한 활동을 통해 수익을 창출하고자 한다면 철저한 경험과 끊임없는 노력이 필요하다. 고민하지 않고 노력하지 않으면 아무 일도 일어나지 않는다. 하지만 한발 앞서 움직이고, 입지 분석을 철저히 하는 능력이 있다면 누구보다도 많은 정보를 접하게 되고, 그 정보는 곧 수익 창출의 기회로 이어진다.

아파트, 빌라, 상가, 비주거용 부동산, 토지 등 다양한 분양 상품들이 있다. 이들을 잘 분석하고 분양 후 수익을 발생시키는 방법을 숙지한다면 중개업 이외의 수익도 얼마든지 창출할 수 있다. 투잡을 활용하는 것은 추천할 만하지만, 다른 투잡이 본업에 방해가 되는 요소로 작용해서는 안 된다. 오히려 필자를 성장시키고 발전시키는 방향으로 접근해야 한다.

부동산 중개업을 하면서 사이드 수익이 중개수수료보다 높은 경우도 많았다. 하지만 한 가지 명심해야 할 것은, 모든 매물을 광고하고 분양해주기 전에 반드시 재매매가 가능한지, 고객에게 피해를 주지 않을지 충분히 고려해야 한다는 점이다. 광고비를 받기 위해 매물을 무분별하게 홍보하는 공인중개사들이 있는데, 이는 고객에게 큰 피해를 줄 수 있다.

공인중개사는 고객의 입장에서 한 번 더 생각하고, 신뢰를 바탕으로 광고를 진행해야 한다. 필자 또한 그러한 자세로 고객을 대하고, 광고를 통해 다양한 수익을 만들어왔다. 이 사례를 통해, 부동산 중개업이 단순히 중개수수료에 그치지 않고, 다양한 방법으로 수익을 창출할 수 있다는 것을 알리고 싶다. 고객과의 신뢰를 지키면서, 부동산 시장에서 새로운 기회를 만들어가길 바란다.

Tip

고객들이 다주택을 소유하고 있으면 추가로 주택을 매수하기 어렵다. 그래서 자녀들의 주택 매수가 목표인 분들이 많이 있다. 그래서 자녀들의 내 집 마련을 이야기하면 될 것 같다.

지식산업센터
분양과 투자

　누구나 최초는 두렵고 설렌다. 지식산업센터라는 새로운 상품에 도전하는 것도 그렇다. 지식산업센터 분양과 투자 도전과 성공, 그리고 아쉬움을 이야기하려고 한다.

　부동산 중개업은 늘 순탄치만은 않다. 각종 규제와 정책 변화에 따라 시장은 끊임없이 변동하고, 중개업자는 그에 맞춰 새로운 기회를 찾아야 한다. 2017년 8·2 대책으로 세종시가 조정대상지역으로 지정되면서, 세종시의 아파트 분양권 전매는 전면 금지되었지만, 비주거용 부동산, 특히 상가 분양권 거래는 여전히 가능했다. 당시 상가 분양권 중개에 집중하며 안정적으로 수익을 창출하고 있었다.

　그러나 2020년대 코로나19 팬데믹이 발생하면서 상가 시장도 급격히 침체되었다. 투자자들은 작은 자본으로도 투자할 수 있는 상품을 찾기 어려워졌고, 상가 분양권 거래도 활기를 잃었다. 이러한 상황에서 새로운 기회를 찾던 중, 세종시에 최초로 지식산업센터가 공급되는 상황이 발생했다.

대전시에서 주로 아파트 단지 내에서 중개업을 했고, 세종시로 와서는 택지 개발 지구 내 다양한 상품들을 다루었다. 하지만 지식산업센터 중개는 경험이 없었기 때문에, 새로운 기회로 여겨졌다. 지식산업센터는 소규모 투자자들이 비교적 적은 자본으로도 투자할 수 있는 상품이었고, 이 분야에 대한 수요가 증가할 것이라는 확신이 들었다. 그래서 지식산업센터에 관한 공부를 본격적으로 시작하며 분양권 거래를 시작하게 되었다.

처음 세종시에 공급된 지식산업센터는 예상보다 많은 호실이 공급되었음에도 빠르게 완판되었다. 분양이 끝난 후에는 프리미엄이 형성되기 시작했고, 지식산업센터 분양권 거래에 대한 수요가 급증했다. 분양을 담당하던 팀장님과 지인을 통해 다양한 물건을 확보할 수 있었고, 기업들 역시 사무실 공간 확보를 위해 대규모로 호실을 찾고 있었다. 이를 통해 거래량이 급증했고, 프리미엄을 높이면서도 활발한 거래를 이어갔다.

지식산업센터의 분양권 거래는 대체로 성공적이었으나, 99%의 거래를 성공적으로 마무리한 후 마지막 1건에서 아쉬운 실패를 경험했다. 한 매수인이 3,500만 원의 프리미엄을 지급하지 못해 명의 변경 과정에서 문제가 발생한 것이다. 매수인은 자금이 부족해 일주일 후에 프리미엄을 지급하겠다고 약속했지만, 최종적으로 그 약속을 지키지 않았다.

매수인이 같은 상가건물 상부층에 입주한 회사라는 점에서 신뢰가 갔고, 매도인과 매수인은 서로 알고 지내던 사이였다. 이러한 상황에서 필자는 방심하게 되었고, 명의 변경을 진행하게 되었다. 결국, 매도인은 프리미엄을 회수하지 못한 채 거래가 종료되었다. 이 과정에서 매도인과 매수인은 필자에게 직접적인 항의는 하지 않았지만, 이 거래는 원칙을 지키지 못한 아쉬운 실패 사례로 남게 되었다.

이 사례를 통해 원칙을 지키며 일하는 것의 중요성을 다시 한번 깨닫게 되었다. 비록 유연함이 필요한 순간이 있더라도, 결국 거래의 안전성과 투명성을 위해 원칙을 고수해야 한다는 교훈을 얻었다.

부동산 중개업은 외부 환경이나 정책 변화에 좌우될 수밖에 없지만, 중개업자의 자세와 노력에 따라 지속가능한 성장을 도모할 수 있다는 것을 다시 한번 깨달았다. 부동산 중개업은 단순히 주어진 업무를 수행하는 것이 아니라, 시장의 변화를 읽고 끊임없이 새로운 기회를 모색하는 능동적인 자세가 요구된다.

부동산 시장은 늘 변화하고, 때로는 업무가 위축될 수도 있다. 하지만 어떻게 대응하느냐에 따라 그 결과는 달라질 수 있다. 새로운 업무를 배우는 것을 두려워하지 않고, 마케팅과 광고를 통해 적극적으로 움직인다면 언제든지 수익을 창출할 기회를 만들 수 있다. 그동안 그러한 자세로 업무에 임해왔고, 이를 통해 상가 분양권 거래가 어려워졌을 때도 지식산업센터라는 새로운 시장을 개척할 수 있었다.

부동산 중개업은 단순히 수동적으로 시장의 흐름을 따라가는 것이 아니라, 중개사가 적극적으로 기회를 만들어가는 일이다. 일이 없다는 것은 결국 일을 만들지 않았기 때문일 뿐이다. 얼마나 노력하고 몰입하느냐에 따라 수익은 얼마든지 창출될 수 있다. 중개업의 미래는 스스로 만들어나가는 것이라는 사실을 항상 마음에 새기며, 고객의 신뢰를 기반으로 원칙을 지키는 것이 중요하다는 점을 잊지 말아야 한다.

지식산업센터 분양권 전매를 통해 필자는 MGM 수수료를 포함해 최소 3,000만 원 이상의 수익을 창출할 수 있었다. 또한 분양권 거래를 통해 1년 내내 바쁜 일정을 유지하며 안정적인 수익 구조를 만들어냈다. 이를 통해 필자는 부동산 중개업이 단순히 규제나 정책에 의해 좌우되는 것이 아니라, 중개사 스스로 노력과 의지에 따라 얼마든지 성장하고 발전할 수 있는 분야라는 것을 다시 한번 느꼈다.

스스로 할 수 있는 일부터 시작하면 된다는 간단한 진리를 통해, 새로운 도전은 언제나 새로운 기회를 가져다준다. 부동산 중개업의 경력을 쌓아오며, 고객에게 신뢰를 주는 동시에 수익을 창출할 수 있는 방향을 끊임없이 모색하고 도전해온 경험을 바탕으로, 앞으로도 계속해서 새로운 기회를 만들어갈 것이다.

상가건물 분양

　부동산 중개업에서 가장 중요한 것은 끊임없는 노력과 새로운 기회를 찾는 능력이다. 2021년, 상가 고객을 맞이하며 시설이 이미 갖춰진 상가 매물을 확보하게 되었다. 상가를 중개하기 위해서는 여러 상가 입지를 돌아다니며 분석하는 것이 필수적이었고, 그 과정에서 유튜브 영상 촬영을 활용하게 되었다. 상가나 토지 매물에 대한 영상을 찍어 유튜브에 업로드하고, 이를 소유주들에게 공유함으로써 상가 활성화에 기여하고자 했다. 식사하며 입점 상가의 모습을 쇼츠로 찍어 유튜브에 올리는 등 다양한 방식으로 상가를 홍보하고, 소유주들에게 이를 안내하며 긍정적인 반응을 얻었다.

　이러한 노력 끝에 2020년 말, 한 상가건물의 6개 호실을 2개월 만에 분양하게 되었다. 상가 분양에 어려움을 겪던 시기에 이렇게 이른 시일 안에 여러 호실을 성공적으로 분양하면서, 중개 능력과 마케팅 전략이 효과를 발휘했다는 것을 체감할 수 있었다.

상가 입지를 분석하던 중, 시설이 잘 갖춰진 음식점 매물이 접수되었다. 이 상가를 촬영하고 블로그에 글을 작성한 후, 이를 의뢰한 고객에게 URL을 전달했다. 놀랍게도 이 작은 노력이 시행사 대표님과의 인연으로 이어졌다. 그 대표님은 세종시에서 가장 많은 건물을 지어 분양한 분이었고, 세종시 원주민들의 권리 등을 다양하게 취급하며 상업용지 입찰과 상가 분양을 주도하는 유능한 분이었다.

대표님께서는 열심히 중개하는 모습을 높이 평가하며 만나보고 싶다고 요청하셨다. 그 만남을 통해 시행사에서 분양하고 있는 건물들에 관해 소개받았고, 특히 한 건물이 눈에 들어왔다. 상가 분양에 자신이 있었지만, 그 당시 일부 상가 호실은 임대차가 맞춰지지 않아 분양을 잠시 멈춘 적이 있었다. 하지만 이번에는 달랐다. 임대가 완료된 상태였고, 상가는 항아리 상권에 인접해 있어 분양 가능성이 컸다.

눈에 들어오는 건물을 더 깊이 분석하며, 할인율 적용과 임대차 조건 등을 검토했다. 두려움의 대상이었던 공실 상태가 아니었고, 안정적인 임대 수익이 보장되어 있었기 때문에 분양을 진행하기로 했다. 본격적인 광고를 시작하고 고객을 유치하면서, 두 달 만에 6개 호실을 분양하는 성과를 이뤄냈다.

상가 분양을 2~3개월 만에 혼자서 6개를 진행하기는 결코 쉬운 일이 아니었기에 업계에서는 큰 이슈가 되었고, 우리 사무실의 명성도 높아졌다. 고객들에게는 임대가 완료되어 공실 없이 안정적인 수익을 창출할 수 있는 상가임을 강조하며 분양을 진행했고, 지금도 해당 상가들은 월세를 잘 받고 있다.

이 과정에서 우리 사무실은 상가 분양 카탈로그가 쌓이기 시작했고,

더 많은 시행사와의 협업 기회가 열렸다. 특히 분양팀의 팀장급이나 본부장급 대표들이 찾아와 다른 중개사들보다 더 나은 조건을 제시하며 분양을 의뢰하기 시작했다. 시행사가 다른 지역에서도 상가를 분양했는데, 역시 추가로 5개 호실의 분양을 성공적으로 진행하며, 안정적인 임대 수익을 올렸다.

상가 분양의 성과가 이어지며 억대 연봉으로 회사에 들어와 일하라는 스카우트 제의까지 받았지만, 중개업의 재미를 잃고 싶지 않아 정중히 거절했다. 여전히 상황이 맞는다면 분양 현장을 맡아 열심히 할 것이며, 마케팅과 세금, 정책적인 지식을 바탕으로 중개와 분양을 함께 진행하는 것이 어렵지 않다고 느꼈다.

쌓아온 경험과 지식은 분양과 중개에서 확실한 경쟁력을 만들어주었고, 세종시에서 상가 분양하는 이들에게 1순위로 자료를 받을 수 있는 위치를 확보하게 되었다. 분양팀장들이 먼저 찾아오고, 그들은 통해 현장의 흐름과 정보를 공유하며 더 많은 분양 기회를 만들고자 했다.

부동산 중개업의 매력은 다양한 물건을 취급할 수 있다는 점이다. 중개뿐만 아니라 분양까지 동시에 진행할 기회가 많아, 필자는 이를 통해 매출과 수익을 창출할 수 있는 다양한 방안을 모색했다. 부동산 중개업에서 1위를 목표로 끊임없이 노력하면서도 분양 현장의 흐름을 파악하고, 시행사와 분양 대행사들과의 긴밀한 소통을 통해 전문성을 키워갔다.

초창기에는 부동산 중개업이 어려워보일 수 있지만, 점차 다양한 분야와 연결되어 새로운 기회를 만들 수 있다. 상가 분양에 참여하면서 시행사 대표님과의 인연을 통해 더 많은 물량을 확보하고 분양하는 상황을 만들었다. 중요한 것은 끊임없이 눈을 크게 뜨고 귀를 열어 새로운 기회를 찾아가는 것이다.

모든 경험과 노력을 통해 배운 것은 중개업의 기회는 스스로 만드는 것이며, 주어진 상황을 활용해 끊임없이 성장할 수 있다는 점이다. 모든 중개사가 다양한 분야를 공부하고, 눈과 귀를 열어 더 넓은 시야로 부동산을 바라볼 수 있기를 바란다. 이렇게 끊임없이 노력하면 누구에게나 열려 있는 기회를 잡고, 수익을 창출하며 성장을 지속할 수 있을 것이다.

대형마트 입점 상가 임대차

2018년, 단지 내 상가 매매에 관련된 경험은 많은 것을 깨닫게 해준 중요한 사건이 있었다. 그 당시 집합 상가의 단지 내 상가는 분양이 활발하게 진행되고 있었고, 역시 여러 상가 물건을 중개하며 분양 업무를 수행하고 있었다. 특히 대형마트와의 임대차 계약이 완료된 상가는 높은 프리미엄을 자랑하며 투자자들에게 매우 인기 있는 물건이었다. 그러나 이 과정에서 임대차 계약의 세부 사항을 제대로 검토하지 않으면 예상치 못한 문제가 발생할 수 있다는 교훈을 얻었다.

해당 사례는 아파트 단지 내 상가 7개 호실의 매매를 진행했던 사례다. 7개 호실 중 5개 호실을 매매로 중개하면서 대형마트와 임대차 계약이 완료된 상태였기 때문에, 투자자들로부터 많은 관심을 받았다. 특히 브랜드 대형마트와의 계약은 상가의 안정성을 높여주며 투자 가치가 크다는 인식을 심어주었다.

매매 과정에서 상가의 프리미엄이 상당히 높게 책정되었음에도, 임차인이 대형마트라는 점에 신뢰를 두고 적극적으로 중개를 진행했다. 상가 소유주와의 계약 절차는 은행을 통한 계약금의 10%를 질권 설정 작업까지 이루어지면서 순조롭게 진행되었고, 2018년 4월에 상가 입주가 시작될 예정이었다. 그러나 상가 입주가 임박했을 때, 대형마트 측에서 돌연 내용증명을 보내왔다. 내용에는 다른 상가 호실에 경쟁사 마트가 입점하면서 자신들은 입점을 포기하겠다는 의사 표시와 함께, 이미 납부한 임대차 보증금을 회수하겠다는 내용이 포함되어 있었다.

이 사건은 큰 충격으로 다가왔다. 처음에는 임대차 계약이 완료된 것으로 알고 있었고, 임대차 계약서의 내용을 꼼꼼히 검토하지 않았던 내 잘못도 있었지만, 매도인 측에서 계약서의 중요한 조항을 누락하거나 왜곡한 상태에서 거래가 진행된 것도 사실이었다. 계약이 끝난 후, 대형마트가 계약을 해지하고 임대차 보증금을 회수해가겠다는 통지를 받았을 때, 이 문제를 해결하지 않으면 고객들에게 심각한 손해를 입히게 된다는 생각에 급히 매도인를 찾아나섰다.

매도인 측과 여러 차례 만나며 협상을 시도했지만, 그들은 법인 회사로 진행된 거래였기 때문에 법적 문제를 피할 수 있었고, 계약서상으로도 그들이 불리한 상황은 아니었다. 이에 따라 변호사에게 자문했지만, 법적으로 매도인에게 책임을 묻기 어려운 상황이었다. 그러나 고객들에게 피해를 줄 수 없었기에 계속해서 매도인과 협상을 시도하며 문제해결을 위한 방법을 찾았다.

해당 법인 회사의 대표를 만나기 위해 지속적으로 천안을 방문했고,

때로는 강경한 태도로 대응하면서도 협상 가능성을 열어두었다. 매도인 측도 상가 매수인들의 손해를 무시할 수 없었기에 결국 호실별로 일정 금액을 보상해주는 방식으로 합의에 도달할 수 있었다. 매수인들에게는 호실별로 1,000만 원씩의 보상금을 돌려주었고, 그 후 새로운 임대차 계약을 체결하면서 상가의 공실 문제를 해결했다.

이 사건을 통해 대형 프랜차이즈와의 임대차 계약이 반드시 안정성을 보장하는 것은 아니라는 사실을 깨달았다. 계약서에 포함된 세부적인 조항 하나하나가 상가 매매와 임대차 계약에서 중요한 역할을 하며, 이를 소홀히 하면 큰 손해를 입을 수 있다는 것을 절감했다. 지금은 매매와 임대차 계약을 진행할 때마다 계약서의 문구를 꼼꼼히 확인하고, 고객들이 불리한 조건에 놓이지 않도록 철저히 검토하고 있다.

이 사건 이후로 고객들에게 더욱 신뢰를 받으며, 그들과의 지속적인 관계를 유지하고 있다. 매수 고객들은 믿고 아파트와 토지 등 다양한 부동산 거래를 의뢰하고 있으며, 그들의 기대에 부응하기 위해 최선을 다하고 있다. 또한 이 경험을 통해 부동산 중개에서 가장 중요한 것은 계약을 성사시키는 것만이 아니라, 계약 후 발생할 수 있는 문제를 해결할 수 있는 능력이라는 것을 배웠다.

부동산 중개업에서 경험은 무척 중요하다. 비록 22년 이상의 경력을 가지고 있지만, 여전히 새로운 문제들이 발생할 수 있고, 그때마다 신속하고 정확하게 대응하는 것이 중요하다. 이런 경험을 통해 중개사로서 더욱 성장할 수 있었고, 고객들과의 신뢰를 기반으로 부동산 중개뿐만 아니라 분양 업무에서도 많은 성과를 거둘 수 있었다.

부동산 중개사로서 성공하기 위해서는 단순히 매매를 중개하는 것뿐만 아니라, 고객들에게 안정성과 신뢰를 제공할 수 있어야 한다고 생각한다. 이를 위해서는 부동산 시장의 흐름을 지속적으로 분석하고, 계약서의 세부 사항까지 꼼꼼히 검토하는 것이 필수적이다. 이러한 노력이 쌓여야만 진정한 부동산 전문가로서 자리매김할 수 있으며, 고객들에게도 신뢰받는 중개사가 될 수 있다.

사례 10

유명 유튜버 투자자

2019년 부동산 시장이 급등장을 맞이할 때, 매물이 나오기만 하면 거래가 성사되던 시절이 있었다. 세종시 또한 예외가 아니었고, 몇 달 만에 거래량이 폭발적으로 증가하면서 가격도 급격히 올랐다. 당시 유튜브 채널을 운영하고 있어 전국 각지의 고객들로부터 많은 연락을 받았다. 특히, 멀리 떨어진 소유자들의 물건을 쉽게 진행하고 거래를 활발히 하던 시점에 한 매물의 중개를 맡게 되었다.

그 매물은 처음에 8억 5,000만 원을 제시했을 때 매도인이 중개수수료를 두 배로 주겠다고 할 정도로 높은 가격이었다. 하지만 매도인은 매도가 지연되자 점점 가격을 낮추기 시작했고, 급등장이 시작되면서 다시 9억 원에 계약할 수 있었다. 매도인은 처음에는 필자의 일 처리에 만족해했다. 전문가로서의 높이 평가하며 감사 인사를 전했다. 그러나 시장이 계속 과열되면서 가격이 더 오르자 매도인은 불만을 품기 시작했다. 결국, 중개수수료 협의 과정에서 0.9% 수수료 약정으로 800

만 원의 수수료가 예상되었으나, 매도인은 불만을 토로하며 500만 원만 지급하고 떠났다.

매도인은 매일 같이 전화해서 가격이 더 오를 수 있었는데 왜 서둘러 팔게 했느냐며 원망을 쏟아냈다. 9억 원에 계약한 것에 대해 여러 차례 흠을 잡으며, 거래 내내 중개수수료를 깎으려는 시도도 지속했다. 그런데도 굽히지 않고 매도인에게 매도의 타이밍과 조건을 강조하며 최선을 다했다. 그 결과 8억 원에도 팔릴 수 있었던 물건을 매도인은 필자가 제시한 전략대로 세입자를 내보내고 집을 비워놓은 후 계약해 1억 원을 더 얻었음에도, 결국에는 원망했다.

부동산 중개업에서 매도인과 매수인을 모두 100% 만족시키는 것은 거의 불가능하다. 매도인은 시장이 상승할 때마다 싸게 팔았다고 후회하고, 매수인은 가격이 하락할 때마다 비싸게 샀다고 불평한다. 이렇듯 중개수수료를 깎으려는 행동이나 불만은 중개 과정에서 흔하게 일어난다. 이러한 경험을 통해 깨달은 것은 부동산 중개업에서는 양 당사자를 모두 만족시킬 수 없다는 사실이었다.

이러한 일련의 사건들은 부동산 중개업에서 원칙을 지키고 적정한 거리를 유지하며 중개해야 한다는 교훈을 주었다. 중개사가 한쪽에 치우쳐 일하면 오해를 불러일으키기 쉽다. 매매가 이루어지면 네이버 등의 데이터상에 매매가가 공개되기 때문에 다른 중개사무실에서 매도인에게 전화해 매매 내역을 묻고, 이에 따라 매도인은 자신의 물건이 손해를 본 것 같은 착각에 빠지기 쉽다.

또한, 이 사례를 통해 유튜버와 갭 투자자로 활동하는 매도인의 이중성을 경험했다. 매도인은 전문가로서 본인의 채널에서 구독자들에게 투자 정보를 제공하고, 자신 또한 갭 투자를 하며 부동산 거래를 했지만, 막상 자신의 물건이 팔리고 나서는 중개수수료를 깎으려 하고 원망했다. 이를 통해 부동산 투자자들이 정작 부동산 중개인에게 감사할 줄 모르며, 오히려 트집을 잡고 중개수수료를 깎으려는 경우가 많다는 사실을 다시금 깨달았다.

복비(중개수수료)는 말 그대로 복을 나누는 비용이다. 공인중개사에게 복비를 줄 때 정성껏 주어야 자신의 복이 따를 수 있다는 것을 느꼈다.

2019년 급등장에서는 누구나 부동산 중개를 잘 할 수 있었다. 물건만 있으면 거래가 이루어지는 시장에서는 실력이 아닌 운에 의해 중개가 성사되기 때문이다. 하지만 하락장에서 거래를 성사시키는 중개사가 진정한 실력자다. 부동산 중개업은 상승장과 하락장의 교차 속에서 중개인의 능력이 진정으로 검증된다. 상승장에서의 거래는 비교적 쉽지만, 하락장에서의 거래는 시장의 흐름을 정확히 읽고 고객을 설득하는 능력이 필요하다.

이처럼 부동산 중개업은 매 순간이 도전이다. 급등장에서의 중개는 누구나 할 수 있지만, 진정한 중개사는 시장의 흐름을 이해하고 고객의 이익을 보호하며 최선의 결과를 만들어내는 사람이다. 필자는 22년이 넘는 중개업 경력 동안 이러한 어려운 상황을 숱하게 겪어왔고, 이를 통해 성장해왔다. 부동산 중개 사고를 잘 해결하고, 고객의 신뢰를 얻는 것이야말로 진정한 부동산 중개사로 거듭나는 길임을 깨닫게 되었다.

새로운 중개사들은 실패를 두려워하지 말고, 경험을 통해 해결 능력을 키워야 한다. 계속해서 거래를 시도하고, 그때마다 배워가는 것이 중요하다. 이를 통해 진정한 실력을 쌓고, 부동산 중개사로서 성장할 수 있다.

사례 11

토지 중개 노하우

도심권에서 부동산 중개업을 하다 보면 현지에서 토지를 전문으로 중개하는 공인중개사들과 공동중개를 하는 경우가 많다. 그러나 어느 날 드물게 단독으로 토지 계약을 진행할 기회가 찾아왔다. 오랜만에 단독으로 토지 계약을 하게 되어 기분이 남달랐고, 모든 절차를 순조롭게 진행하려던 찰나에 잔금일이 다가왔다.

매매금액은 많지 않았고, 면적도 200평이 채 되지 않는 상황이라서 잔금을 간단히 치를 수 있을 것으로 생각했다. 그러나 잔금을 앞두고 필자는 매수인에게 농지취득자격증명서를 발급받으라고 안내했는데, 이를 체크하지 못해 결국 잔금을 치르지 못하게 되는 사태가 벌어졌다. 아무리 철저히 설명하고 물건을 확인하며 준비해도 놓치는 부분은 항상 있기 마련이다.

때마침 매도인은 양도소득세 문제로 인해 곤란을 겪고 있었다. 1년에 2개 이상의 매물을 처분하게 되면 기본공제도 받지 못하고 양도소득세 중과요율이 적용되는 상황이었기 때문이다. 매도인은 필자에게 잔금을 다음 해로 넘길 수 없겠느냐고 부탁했으나, 매수인은 빨리 그곳에 건물을 지어 자신만의 쉼터를 만들고 싶어 했기에 잔금 일정을 미루고 싶지 않아 했다. 이에 따라 양측의 이해관계가 충돌하는 상황이 발생했지만, 다행히도 농지취득자격증명서를 미리 발급받지 못한 덕분에 잔금 일정을 조정할 기회를 얻었다.

매수인과 매도인를 함께 앉혀 협의를 진행했다. 매도인이 허가받아 매수인에게 모든 권리를 넘겨주는 방향으로 계약을 수정했고, 새로운 합의서를 작성해 다시 진행할 수 있었다. 이처럼 아무리 철저히 준비하고 검사해도 놓치는 부분은 항상 있다. 그러나 중개사는 협의를 이끌어 내는 과정을 통해 더 좋은 결과를 만들어낼 수 있다는 것을 잊어서는 안 된다. 협의 과정에서 발생하는 문제들은 상황을 잘 대처하고 해결하려는 노력에 따라 좋은 결과로 이어질 수 있다.

토지 중개는 특히 처음에는 두렵고, 어렵게 느껴진다. 모든 부동산 중개업이 그렇듯이 처음 도전하고 시도할 때는 난관에 부딪히기 쉽고, 예상치 못한 문제들이 자주 발생한다. 막상 해보면 무난히 해결할 수 있는 일들이지만, 경험이 없는 상황에서는 모든 것이 막막하고 해결하기 어려워 보인다. 필자 역시 그때는 문제 하나하나가 해결되지 않을 것 같아 지치고 화가 나기도 했지만, 시간이 흐르고 나니 그 문제들이 있었는지조차 기억나지 않을 정도로 희미해졌다. 우리는 결국 망각의 동물이라는 생각이 들었다.

문제가 생길 때마다 깊게 고민하고 스트레스를 받기보다는, 좀 더 유연하게 대처하고 해결하려는 자세가 필요하다. 문제 하나하나를 심각하게 받아들이기 시작하면 일의 난이도는 높아지고, 해결 과정에서 지쳐버리기에 십상이다. 따라서 문제를 너무 깊게 받아들이지 않고 차분히 대응하는 것이 중요하다. 중개했던 토지는 지목이 '전'이었고, 중앙에 있는 분할 필지였다. 필자 혼자 토지를 보여주다 보니 실수도 많고, 매수인의 조건에 맞는 매물이라고 판단했지만, 세부 사항에서 미처 챙기지 못한 부분이 있었다. 그런데도 매수인은 믿고 거래를 이어갔고, 잔금 일정 역시 매도인과 협의를 통해 원만하게 조정할 수 있었다.

부동산 중개업은 이론만으로 모든 것을 해결할 수 없는 현실적인 상황의 연속이다. 우리는 이론으로 알고 있는 부분이 실제 중개 현장에서는 다르게 적용되는 경우가 많다. 중개업의 현황을 잘 판단하고 업무를 수행하는 것이 중요하며, 거래를 진행할 때마다 문제는 언제든 생길 수 있다는 마음가짐으로 대처해야 한다. 중요한 것은 문제가 생겼을 때 이를 어떻게 해결하고 정리하느냐다. 이를 편안하게 받아들이고 대처하는 것이 필요하다.

특히, 부동산 중개업은 고객의 큰 재산을 다루기 때문에 매도인과 매수인 모두 예민해지기 마련이다. 매도인은 자신이 더 이익을 봤어야 했다고 생각하고, 매수인은 비싸게 샀다는 생각에 불만을 가질 수 있다. 중개사는 이러한 예민한 감정 사이에서 중심을 잡고 중개해야 한다. 만약 중개사마저 예민하게 반응하고 감정을 드러내기 시작하면, 업무의 난이도는 급격히 올라가고 일에 대한 흥미도 떨어지게 된다.

따라서 부동산 중개업에 종사하는 우리는 자신을 스스로 잘 컨트롤하고 중개업 시장에 맞추어 대응해야 한다. 내 선에서, 내 상황에서 최선을 다한다면 좋은 결과를 얻을 수 있을 것이다. 중개업은 단순히 부동산을 거래하는 것이 아니라 사람과 사람 사이의 복잡한 감정과 이해관계를 조율하는 일이다. 이 과정에서 많은 어려움이 따르지만, 이를 극복하고 나면 중개사로서 더욱 성장할 수 있을 것이다.

부동산 경력 22년 차 공인중개사로서 이러한 사례들을 통해 배웠고, 오늘도 새로운 문제를 해결하며 성장하고 있다. 이 책이 중개업을 시작하는 분들께 조금이나마 도움이 되길 바라며, 부동산 중개 현장의 생생한 경험을 통해 중개사로서의 자신감을 키울 수 있기를 바란다.

신규 아파트 단지
상가 임대차

아파트 입주 직전에 단지 상가로 임대차 계약 문의가 많이 들어온다. 그 문의가 들어오던 상황에 마트 자리를 임대차하고자 원하는 고객이 있었다.

마트 자리를 찾는 고객과 상담하다 보니 고객이 원하는 마트 자리는 확장이 잘 안 되는 입지라서 하다 보니 거기 단지의 상가로는 입점할 수가 없었다. 그래서 내가 확장이 다 되고 임대료를 조율할 수 있고 소유가 1인인 회사 보유 물량을 제시했다. 여러 번 반복해서 와서 보고 등 계속 진행하던 찰나에 임차인이 드디어 결정했다. 회사와 많은 조율 회사의 임차 의향서 등을 계속해서 올리던 중에 결정이 딱 떨어져 계약을 진행하는 상황까지 가게 됐다.

계약서를 계약금 일부를 회사에 입금하고 계약서 일정과 이러한 것들을 마무리 단계에 들어가려던 상황이었다. 그러나 갑자기 상가 담당 팀 과장에게 연락이 왔다. 사실 그 계약금 넣는 과정까지 마무리해놓고, 우리 사무실은 오랜만에 등산한다고 단체 야유회를 가던 날이었다.

아침에 계좌번호를 받아서 입금하기만 하면 되는데 담당 과장 회사 측 담당 과장한테 연락이 왔다. 다른 중개사무실 대표와 아파트 내에 입주민이라는 분이 찾아와 계좌번호를 본인들에게 달라고 이야기를 하는 것이었다. 갑자기 황당했다.

그 중개사무실에서 협상이 들어갔다는 것이었다. 황당했다. 입주민이라는 사람은 누가 봐도 뻔한 사람이었고 그 중개사무실 또한 어딘지 다 알 수 있었다.

그 고객이 그전에 계속 그 중개사무실에 가서 물량을 달라고 요청했었다는 걸 알고 있었다. 그 중개사무실은 작업을 하나도 하지 않았다. 그리고 필자는 다른 단지를 작업해서 임차 임대료율을 다 조율해놓은 상태였는데 계좌번호를 뽑는 단계까지 간 것이다. 그런데 갑자기 아파트 입주민이라고 하며 입주민한테 잘못 보이면 어떻게 되는지 아느냐, 하며 회사 관계자를 협박해가면서 연락이 와서 우리에게 계좌번호를 못 주겠다는 것이었다.

임차인한테 물어봤다. 임차인은 그 중개사무실은 임차수수료를 안 받고 회사에서 주는 것만 받는다고 하니 그 중개사무실과 계약하겠다는 것이었다. 진짜 부동산 업계의 상도가 땅에 떨어지는 일이 아닐 수 없었다. 누군지 알기에 그 단지 내에 사는 입주민 중개사라고 하는 분에게 전화했다.

그분은 심지어 자정이 되어도 세무를 물어보고, 새벽 한 시에도 세무를 물어보며 본인이 필요하고 원하는 상황이 될 때는 모든 걸 다 물어봤던 고객이다. 벌써 이번 건이 세 번째로, 진행하고 있는 고객들을 본인이 계속 빼서 다른 물건으로 계약하던 상황에 세 번째 일어나는 일이었다.

전화해서 임차인에게 계약서를 쓰고 나면 간이사업자인 대표가 세금계산서 발행을 못 해준다는 말에 그 중개사무실은 세금계산서도 발행해주고 수수료도 안 받을 테니 자기와 계약하자고 했다는 것이다. 정말로 뒷골이 당기며 황당했다.

이러한 일들은 현장에서 일어나면서 많이 있기도 하지만 같이 중개업을 십몇 년을 같이 했던 사람이 그렇게 한다는 행위가 너무나 기도 안 차고 화가 났다. 그 임차인이 자기의 지인과 연결되기만 하면 어떻게든 계약에 관여하려고 머리를 쓰고 있었던 상황이었다.

그 중개사무실의 인간성을 알게 되었고 그전에도 그런 건이 있어 사과했던 상황이었음에도, 또 너무도 어렵고 힘든 일들로 만들어버렸다. 우리가 선택지는 임차인의 수수료를 버리는 것밖엔 없었다. 임대 쪽의 수수료가 2,000만 원 정도 나오는데 그걸 포기할 수는 없었다. 임차인에게 우리는 임차인의 중개수수료를 포기할 수밖에 없어 임대 쪽 수수료만 받고 마무리 작업을 해야 한다고 생각했다. 회사로서도 난처해했다. 딱 한 가지 질문을 했다.

"부장님이 보시기에 이 마트의 계약은 어떤 중개사무실에 계좌번호를 주셔야 한다고 생각하십니까?"

그때 회사 관계자 부장님이 말하기를 당연히 우리에게 줘야 한다고 했다. "그러면 나머지 다른 일들은 싹 정리하고 마무리할 테니 걱정하지 마시고 계좌번호 주십시오"라고 했다. 그렇게 해 계좌번호를 받았고 계좌번호 받은 곳에 임차인에게 그 중개사무실에 임차수수료를 주시라고 했다. 이렇게 정리하고 계좌번호에 입금하게 만들어 임차 중개사무실은 계약서 쓸 때 나타나지도 못했다. 공동중개 들어오라고 이야기했어도 본인들이 낯 뜨거워 들어오지 못했다. 우리 중개사무실에서 양쪽을 대리해 계약서를 다 작성하고 마무리해 마트를 입점시켰다. 마트를 입점시키고 나니 개인이었던 임차인이 법인으로 계약서 수정이 필요했던 상황에 다시 해달라고 요청했다. 임차인 또한 낯 뜨거워 전혀 하지 못하고 바로 회사의 부장을 통해 요청해왔다. 화가 났지만 수정도 해주었다.

그리고 마트는 열심히 영업했지만, 우리는 마트 홍보를 하나도 하지 않았다. 마트에 관여하고 싶지도 않았으며 마트를 이용하는 것조차 싫었다. 그래서 그 마트 이용을 하질 않았고 3년이라는 시간이 흐르고 나서는 마트는 영업이 안 되어 관리비를 받고 내놓는다고 이야기가 돌기 시작을 했다.

당연히 우리 사무실에는 내놓지 못하고 인근 중개사무실도 거래하지 못하는 중개사무실에만 물건이 나가 있으니 거래가 되지 않았다. 마트 고객이 있었음에도, 중개하고 싶지 않았고 하지 않았다.
그리고 마트가 편의점으로 정리가 되던 시점에 상대 입주민이라는 중개사무실이 찾아와 자기 수수료 못 받았으니까 임차인한테 수수료를 받으라는 이야기를 했다. 수수료 청구권이 있으니 우리에게 수수료를 받으라고 전화를 하는데 그냥 웃었다.

시간도 많이 흘렀지만, 마트 사장한테 수수료 그쪽 중개사무실을 주라고 이야기했는데 못 받으셨냐고 물었더니, 자기네가 달라고 요청했는데 안 주셨단다. 그랬다고 계약서 쓴 우리에게 수수료 청구권이 있으니 수수료를 받으라는 이야기에 황당했다. 정말로 그때 일을 다시 생각해도 화가 난다. 임차인이야 중개수수료 500만 원만 받기로 했지만, 그 500만 원 주는 것조차도 싫어서 이렇게 계약서 쓰는 날 그러한 행위를 하고 계약서 수정 요청한 것이 정말로 싫었다. 그러한 마음가짐으로 장사를 했을 때 과연 그 중개사무실은 계약을 많이 했을까?

그 입주민이라는 분이 그 인근에 다시 중개사무실을 개설했지만, 잘 안 된다. 마트 또한 초반에만 영업이 됐고 나중에는 물건도 없는 상황이었고 이용자들이 계속해서 줄어드는 상황이라 마트 운영이 전혀 되지 않아 매각하는 단계까지 간 것이다. 정말로 황당무계한 계약이었고 그렇게 하는 중개사무실들이 많이 있을 것이다.

그럴 때 어떠한 행동을 해야 할까? 계좌번호를 받아내야 하는 회사 측 부장에게 양심껏 가슴에 손을 얹고 계좌번호를 어느 중개사무실에 줘야 하겠냐고 질문을 했을 때 대부분의 사람은 가슴이 양심이 찔리기 때문에 그대로 이야기한다. 그처럼 어떻게 대응하고 대처해야 하는지가 고민이고 생각해야 할 부분이다.

그렇게 대체했고 생각하면서 해결을 해나가 회사 측에는 수수료를 다 받고 임차인 측에는 받지 않으면서 그 계약을 마무리했다. 사람은 양심이라는 게 있을 수 있고 물론 현황에 따라 다르기는 하지만 그 양심이라는 거에 조금이라도 거리낌이 있으면 하지 말아야 한다.

공실 세대의 집을 보여달라 해서 보여주면 명함을 놓고 오는 공인중개사들도 많고, 정말로 물건이 없어 계약하고 싶은 욕심에 양심까지 저버리는 공인중개사들이 많다. 하지만 그렇게 하지 않고 양심을 지켜가며 일을 해도 돈은 충분히 잘 벌 수 있다. 굳이 마음에 불편한 행동을 하거나 남들이 손가락질하는 행동을 해서 그 돈을 번들 과연 내가 부자가 될 수 있겠는가? 없을 것이다. 그리고 없어야 한다.

그래야 세상의 이치가 맞고 세상이 살아갈 맛이 난다. 앞으로 이 책을 읽고 혹시 양심에 조금이라도 미안함이 생기는 행동이라면 하지 말고 마음 편하게 떳떳한 중개하고 돈을 버는 방법을 선택하길 바란다.

사례 13

외국 출국 매도인과의 계약

　부동산 중개업은 종종 예측할 수 없는 상황 속에서 발생하는 다양한 문제들을 해결해야 하는 업무다. 그중에서도 외국으로 출국하는 매도인과의 계약은 일반적인 계약과는 다른 복잡한 요소들이 많이 포함되어 있었다. 이 사례는 외국 출국 매도인과의 계약 과정에서 발생한 갈등과 이를 해결하기 위해 공인중개사가 어떤 역할을 했는지를 보여주는 생생한 사례다. 매도인의 급박한 출국 일정과 매수인의 요구가 엇갈리면서 발생한 분쟁 상황을 통해, 중개업에서 필요한 여러 가지 요소를 살펴봐야 한다.

　사건의 시작은 8월 말일을 기한으로 잔금을 치르는 조건에 매매금액을 1,000만 원 할인한 매물에서 출발했다. 매도인은 8월 말에 외국으로 출국할 예정이었고, 출국 전에 계약을 완료하는 것이 중요한 상황이었다. 매수인도 집을 보고 마음에 들어 했고, 여러 조건을 고려해 매도인과의 협상에 나섰다.

하지만 매수인은 잔금일을 9월 말로 연기해달라고 요청했고, 매도인은 출국 일정에 차질이 있음에도 불구하고 이를 수락했다. 양측은 협상을 통해 가격과 잔금일을 조정한 후 계약을 체결했다. 여기서부터 매도인과 매수인의 신뢰관계는 유지되는 듯했지만, 상황은 복잡해지기 시작했다.

매도인이 출국을 앞둔 상태에서 서류를 준비하는 시간이 매우 촉박했다. 매도용 인감증명서와 기타 서류를 받아야 하는데, 매도인이 출국한 이후에는 이를 직접 받을 수 없기 때문에 대리인을 통한 처리 외에는 방법이 없었다. 하지만 대리인 문제는 법무사 사무장들이 민감하게 여기는 부분 중 하나였다. 대리인의 서류를 통한 등기 처리는 복잡하고, 문제가 발생할 여지가 많기 때문에 법무사들은 이를 꺼리는 경향이 있다.

이런 상황에서 필자는 즉시 법무사 사무장에게 연락해 매도인이 출국하기 전 서류를 미리 받아달라고 요청했다. 법무사 사무장과의 긴밀한 협력을 통해 월요일 아침 9시에 매도인의 인감을 수령하기로 약속을 잡았고, 그 이후에도 서류를 확인하고 빠르게 실거래 신고를 진행해 매도인의 출국 후에도 문제가 발생하지 않도록 만반의 준비를 했다.

문제는 매도인이 출국한 후 발생했다. 매도인은 출국 후에 매수인이 인테리어 공사에 협조하기로 계약서 특약에도 작성했는데, 갑자기 매도인의 부모님께서 잔금 전에 공사하지 못한다고 하면서 갑자기 인테리어 공사 전에 중도금을 요청했다. 매수인과는 이미 공실 세대에서 공사를 진행하는 데 협조하기로 합의한 상황이었기 때문에, 매수인으로서는 중도금을 지급할 필요가 없었다.

매수인은 매도인의 중도금 요구를 거부하며, 오히려 매매대금에서 1,000만 원을 추가로 깎아달라고 요구했다. 상황이 점차 심각해지자, 두 당사자 간의 관계는 악화했다. 공사 문제로 시작된 갈등이 금전 문제로 이어지면서, 매수인과 매도인의 신뢰는 점점 사라졌고, 그 과정에서 공인중개인으로서 중재자 역할을 하며 갈등을 조율해야 했다.

이러한 상황은 매도인과 매수인이 서로 중간의 공인중개사를 배제한 상태에서 서로 각자의 요구사항만 요구하면서 분쟁이 더 악화했다. 매도인은 자신이 요구사항 중도금이 필요하다는 이유로 매수인에게 지속적으로 요구했고, 매수인은 계약서대로 이행되지 않으면 법적 조처하겠다고 맞섰다. 양측 모두 자신의 입장에서 벗어나지 않으려 했기 때문에, 중재와 설득은 매우 어려웠다.

매수인은 자신이 이미 충분히 양보했다고 생각했고, 매도인은 자신의 출국 일정과 부동산 매수를 해야 하는 일과 맞물려 있어 중도금이 필요하다고 주장했다. 공인중개인으로서 필자는 두 사람의 입장을 최대한 조율하며, 서로의 불만을 해결하기 위해 계속해서 설득을 시도했다.

이 사건에서 중요한 교훈 중 하나는 계약 조건과 특약 사항 작성의 중요성이다. 매도인의 갑작스러운 중도금 요청과 공사 지연은 모두 계약 당시 특약 사항에서 명확하게 작성했는데도 발생한 문제다. 중도금 문제는 갑자기 매도인 부모님의 개입해서 발생했다.

공인중개인으로서 계약서를 작성할 때는 양측의 요구를 최대한 상세하고 명확하게 명시했으므로 매도인 부모님을 설득하고 나섰다. 이렇게 특약을 명확하게 작성했어도 제삼자의 개입으로 좋았던 사이가 멀어지게 되었고 매도인 매수인이 직접 연락하면서 감정이 더 악화되었다. 다행히 부모님을 잘 설득했고 계약서대로 작성하면서 잔금일에 매수인은 편안하게 입주하는 상황으로 만들었다.

외국에 거주하는 매도인과의 계약은 일반적인 계약보다 훨씬 더 복잡한 절차를 요구한다. 이번 사례에서는 매도인이 외국으로 출국하는 상황이었기 때문에 대리인을 통해 서류를 처리하거나, 법무사를 통해 신속하게 등기를 처리해야 했다.

만약 매도인이 외국에 있는 경우에도 재외국민증명서, 위임장 등의 추가 서류가 필요하며, 이를 적절히 준비하지 않으면 등기나 소유권 이전에 문제가 생길 수 있다. 전자계약을 통한 계약도 가능하지만, 이 또한 신속한 협력과 서류 준비가 필수적이다.

다행히 출국 전에 매도 서류를 받을 수 있어 마무리되었다. 외국에 있는 경우는 양도소득세 먼저 신고하는 절차를 미리 해놓는 순서를 알고 진행해야 한다.

여러 차례 외국에 거주하는 고객과 전자계약을 통해 계약을 체결한 경험이 있다. 이러한 방법을 잘 활용하면 복잡한 절차를 간소화할 수 있으며, 고객이 출국한 상태에서도 계약을 문제없이 진행할 수 있다.

이번 사건을 통해 부동산 중개업에서 중요한 요소 중 하나는 멘탈 관리임을 다시 한번 깨달았다. 부동산 중개는 사람 사이의 감정과 이해관계를 조율하는 일이기 때문에, 예상치 못한 갈등과 문제들이 언제든지 발생할 수 있다. 특히 매수인과 매도인이 서로 대립하는 상황에서 공인중개사는 중립적인 입장을 유지하면서도 양측의 감정을 잘 다독여야 한다.

계약이 진행되는 동안에도 끊임없는 갈등이 발생할 수 있으며, 계약 체결 후 잔금 지급 시점까지도 문제가 발생하는 경우가 많다. 이러한 스트레스는 공인중개사에게 큰 부담이 될 수 있지만, 경험을 통해 이를 잘 해결해나가는 것이 공인중개사로서 노하우와 능력을 쌓는 과정이다.

이 사례는 중개업에서 발생할 수 있는 다양한 문제들을 잘 보여주었다. 매도인의 출국 일정과 서류 처리, 중도금 문제, 공사 지연 등의 변수가 겹치면서 상황은 매우 복잡했다. 이러한 복잡한 상황에서도 공인중개사는 양측의 요구와 상황을 유연하게 대처하며 문제를 해결해야 한다.

결국 부동산 공인중개업은 사람과 사람 사이의 관계를 조율하는 직업이다. 갈등이 발생하는 것은 피할 수 없지만, 이를 해결하는 과정에서 공인중개사는 중립적인 입장을 유지하며 양측의 요구를 적절히 반영할 수 있어야 한다. 그리고 계약서 작성 시에는 가능한 모든 상황을 고려해 특약 사항을 명확히 기재함으로써, 이후 발생할 수 있는 문제를 예방하는 것이 중요하다.

부동산 중개 업무에서 경험하는 다양한 사건과 갈등은 공인중개사로서의 성장과 노하우 축적의 기회다. 이러한 사례들을 통해 공인중개사는 더욱 경험을 쌓고, 고객과의 신뢰를 기반으로 성공적인 계약을 이끌어낼 수 있을 것이다.

갑자기 등장한 제삼자 매도인 아버지의 주관적인 판단으로 계약서 특약이 무시되면서 이사와 잔금 문제가 도미노처럼 생겨났다. 매수인도 이사 일정에 차질이 불가피해 어떻게든 매도인 측을 설득해야 했다. 시대의 변화를 이야기하면서 매도인 부모님을 설득하고 도움을 요청하며 설득하는 것이 중요했다. 미리 출국 전에 법무사에게 미리 서류 확인 절차를 빠르게 처리하는 스킬이 가장 중요한 부분이다.

단골 귀금속전문점 사장님 중개

단골 귀금속전문점 사장님께서 우연히 우리 중개사무실에 찾아와 거래하게 된 사례다. 고객과의 관계에서 행동 하나하나를 신중하게 해야한다는 점은 부동산 중개업에서 중요한 요소다. 공인중개사로서, 특히 지역 사회에서 활동할 때 고객들에게 신뢰를 주는 이미지를 유지하는 것이 중요하다. 부동산 중개업의 특성상 많은 사람을 만나게 되고, 그 중에서는 예기치 않게 과거에 만났던 사람들을 다시 만나는 경우도 많기 때문이다.

고객과의 첫 상담에서부터 계약서 작성, 그리고 사후 관리까지 모든 과정이 투명하고 친절해야 한다. 예를 들어, 매수 상담을 진행하면서 고객이 방문했을 때 고객의 신원을 잘 알아보지 못했지만, 부동산 매수에 대한 정확하고 신뢰성 있는 정보를 제공했다. 그 후 고객이 마음에 드는 매물을 찾고, 계약서를 작성하며 모든 조항을 하나하나 상세히 설명하고 브리핑했다. 이 과정에서 고객이 상가 매수에 대한 추가 질문을 했을 때도, 어떤 용도로 사용할 것인지 정확히 물어보고 적절한 상가를 추천해드렸다.

이 고객은 이전에 거래했던 단골 상점의 사장님이었으며, 그동안 친절하게 대응했던 것이 오히려 더 큰 신뢰를 쌓는 계기가 되었다. 그동안 그 상점을 자주 이용해온 친구들이 있기도 했고, 본인도 가끔 방문한 적이 있어 서로 간의 관계를 알고 있었다. 그렇지만 불필요한 부담을 주지 않기 위해 공인중개사라는 정체를 밝히지 않았던 것이다. 고객이 나중에 아는 척을 하지 않은 이유를 물어봤을 때, 공인중개사라는 것이 오히려 부담을 줄 수 있다고 설명했다.

이러한 소통 방식은 고객에게 깊은 인상을 남기고, 고객과의 관계를 더 돈독히 만드는 데 큰 도움이 된다. 고객이 신뢰를 가지고 거래를 진행할 수 있도록 배려하고, 자신의 신분을 과시하지 않는 태도는 장기적으로 긍정적인 영향을 미친다. 이번 사례에서도 고객이 상가 매매까지 문의한 것은, 이러한 신뢰를 바탕으로 한 상담과 계약서 작성이 있었기 때문이다.

부동산 중개업에서 고객과의 관계는 매우 중요하다. 고객이 필자의 영업활동을 직접 볼 수 있는 공간, 예를 들어 지역 사회나 상가 등에서는 특히 더 신중해야 한다. 고객에게 불필요한 부담을 주지 않기 위해 신분을 밝히지 않거나, 필요할 때만 정체를 공개하는 것은 부동산 공인중개사의 이미지 관리와도 연관이 있다. 부동산 중개업은 결국 사람과 사람의 관계 속에서 이루어지는 일이기 때문에, 고객들이 어떻게 바라보는지, 그리고 행동이 어떻게 비칠지를 항상 생각하며 조심스럽게 행동해야 한다.

이번 사례에서는 또한 고객과의 관계를 맺으면서 얻은 깨달음과 교훈을 볼 수 있다. 고객의 입장에서 상점에서 진상 고객이 되지 않으려고 노력하는 것, 언제나 겸손한 태도로 임하는 것 등이 중요하다. 이는 결국 어느 순간 필자의 고객이 될 수도 있는 사람들과의 관계에서 좋은 인상을 남기는 것이기 때문이다. 과거에 자동차 배터리가 방전되어 출장을 불렀을 때, 그 기사님이 알아보고 90도로 인사한 것도 결국 내가 지역 사회에서 어떤 이미지로 남아 있는지를 보여주는 사례다.

공인중개사로서의 태도는 단순한 중개 업무를 넘어, 고객과의 신뢰와 관계를 바탕으로 형성된다. 행동 하나하나, 말 한마디가 고객들에게 어떤 영향을 미칠지 항상 염두에 두고 업무에 임하는 것이 필요하다. 이미지와 평판이 결국 브랜드가 되고, 중개업에도 큰 영향을 미치기 때문이다.

이와 같은 사례들을 통해 고객과의 관계에서 신뢰를 쌓고, 이미지 관리를 철저히 하며, 이를 바탕으로 더 많은 고객에게 신뢰를 주는 것이 좋은 공인중개사의 노하우라고 할 수 있다.

Tip
보안과 비밀 유지가 매우 중요한 사항이다. 배우자 지인들이 계약해도 비밀을 유지하고 계약해도 인근 중개사무실에 비밀을 유지해야 한다.

단골 고객 만들기

부동산 중개 경력 22년의 경험 속에서, 필자는 여러 고객을 만나며 다양한 중개 사례를 접해왔다. 특히, 교육을 통해 만난 고객과의 인연이 다시 이어지며 좋은 결과로 연결된 사례가 있다. 이 사례는 단순한 부동산 거래를 넘어, 고객과의 신뢰 관계를 바탕으로 한 성공적인 중개를 보여주는 좋은 예시다.

3년 전, 필자는 투자자를 대상으로 한 토지 교육을 받게 되었다. 이 교육은 부동산 중개인뿐만 아니라, 부동산 투자에 관심이 있는 일반인도 참여할 수 있는 프로그램이었다. 교육에 결석하지 않고 꾸준히 참석했으며, 수업에서 배운 내용을 바탕으로 실제 현장도 다니면서 임장 활동을 했다. 이러한 열정적인 태도로 교육에 임한 결과, 교육기관에서 저를 성실한 공인중개사로 인식하게 되었다.

교육을 같이 받았던 한 분은 은퇴 후 새로운 투자 방법을 찾고 계셨다. 그분은 퇴직 후 투자에 대한 방향성을 고민하던 중, 필자가 열심히 공부했던 모습을 기억하고 우리 사무실을 방문했다. 우리는 그동안 교육에서 배운 내용과 더불어, 투자에 관한 다양한 이야기를 나누었다. 자신보다는 자녀들을 위한 투자를 하고 있다고 말씀드렸다. 큰아이는 입주권이 나오는 지역에 빌라를 매수해 소유하게 했고, 작은아이는 아직 소득이 없으므로 아파트 단지 상가를 소액으로 매수해 재건축 시 입주권이 나올 수 있는 상품을 매수해두었다. 또한 작은아이가 할 수 있는 분양 전환 공공 민간임대 아파트도 계약해 향후 분양 전환을 통해 자산을 확보할 계획을 세웠다고 설명했다.

이 이야기를 들은 고객께서는 투자 방식을 그대로 따라 하고 싶다고 요청했다. 마침 분당에 적합한 상가 매물이 나와서, 그분의 자녀 앞으로 단지 상가를 매수해드렸고, 좋은 입지의 분양 전환 임대 아파트도 찾아드렸다. 고객께서는 저의 조언에 따라 투자 계획을 하나씩 실행해 나갔다. 그 결과, 우리는 상가와 임대 아파트 계약을 성공적으로 마무리했고, 이후에도 좋은 인연을 유지할 수 있었다.

시간이 지나면서 그분이 거주하던 집을 매도하고 새로 분양받은 아파트에 입주하시기로 하셨다. 필자는 그 집의 실거래가를 바탕으로, 적정한 매도 가격을 설정해드렸고, 비어 있는 상태로 매도를 진행하기로 했다. 매물을 내놓고 얼마 지나지 않아 많은 고객이 관심을 보였고, 결국 희망하신 가격대로 계약이 성사되었다. 고객께서는 예상보다 빠르게 매매가 진행되어 매우 만족해하셨고, 그 과정에서 필자가 시장의 흐름을 정확하게 파악하고 있다는 점에 신뢰했다.

이 사례는 단순히 부동산 매매에 그치지 않고, 고객의 요구와 상황에 맞는 최적의 솔루션을 제공함으로써 신뢰를 쌓은 사례다. 고객과의 소통을 통해 그들의 니즈를 파악하고, 적절한 매물을 찾아드리는 과정에서 필자는 교육을 통해 배운 지식을 실전에 적용할 수 있었다.

부동산 중개업에서 교육은 매우 중요하다. 여러 교육을 통해 많은 것을 배웠고, 그 경험을 바탕으로 고객들에게 더 나은 서비스를 제공할 수 있었다. 교육장에서의 자세는 성실함과 진정성을 보여주는 것이 중요하다. 특히, 단순히 영업을 위해 교육에 참여하는 것이 아니라, 실제로 배운 지식을 바탕으로 고객들에게 더 나은 서비스를 제공하고자 노력했다.

교육을 통해 만난 고객들과의 인연이 다시 중개로 이어지는 경우가 많다. 이러한 관계는 단순한 중개를 넘어서, 고객과의 신뢰를 바탕으로 장기적인 파트너십을 형성할 기회가 된다. 교육받는 동안 항상 성실하게 임하고, 함께 교육받은 사람들에게 좋은 이미지를 남기기 위해 노력했다. 이는 결국 부동산 중개업에서 성과로 이어졌다.

또한 공인중개사로서 교육받을 때와 일반 고객과 만날 때의 자세는 다르게 가져가야 한다고 생각한다. 교육장에서 너무 이득을 취하려는 모습을 보이기보다는, 함께 배우고 소통하는 자세가 중요하다. 교육장에서의 행동이 나중에 부동산 중개업에 어떤 영향을 미칠지 모른다. 이번 사례에서도 교육장에서 성실하게 임한 결과, 그 고객과 다시 인연을 맺고 여러 계약을 성사시킬 수 있었다.

부동산 중개업은 단순한 매매를 넘어, 고객과의 관계를 유지하고 신뢰를 쌓아가는 과정이다. 교육장에서의 작은 행동 하나, 성실한 모습이 나중에 큰 성과로 이어질 수 있다는 점을 다시 한번 깨닫게 되었다. 앞으로도 교육과 경험을 바탕으로, 고객들에게 최고의 서비스를 제공하고, 성실한 공인중개사로서 이미지를 유지해나가겠다.

부동산 분양권
중개 유의사항

   부동산 시장이 활발히 움직일 때, 가장 빠르게 움직이는 투자 방식 중 하나는 아파트 갭 투자다. 하지만 그다음으로 많은 관심을 받으며 활발하게 거래되는 분야는 분양권 시장이다. 분양권 거래는 일반 부동산 매매와는 다소 다른 절차와 주의사항이 있어, 경험이 부족한 중개사들에게는 어렵게 느껴질 수 있다. 특히, 세종과 같은 조정 대상 지역에서는 분양권 전매가 규제되어 거래 자체가 어려워질 수 있다. 하지만, 대전처럼 일부 규제가 덜한 지역에서는 분양권 거래가 활발히 이루어지기도 한다.

   분양권 거래의 기본 절차는 일반 부동산 거래와 유사하게 진행된다. 분양권 매물을 의뢰받아 매수인을 찾고, 매매계약서를 작성한 뒤 명의 변경을 통해 권리를 이전한다. 그러나 분양권 거래는 부동산의 실물을 거래하는 것이 아닌, '부동산을 취득할 수 있는 권리'를 거래하는 것이기 때문에 몇 가지 차이가 있다. 가장 큰 차이점은 분양권 거래에서 명의 변경 절차가 건설사와 은행과의 협업 속에서 이루어진다는 점이다.

분양권 거래의 첫 번째 단계는 분양권 매매계약서를 작성하는 것이다. 일반 부동산 거래처럼 매도인과 매수인이 계약서에 서명한다. 분양권 거래에서는 중도금 승계와 같은 절차가 포함되며, 이는 매수인의 신용 상태에 따라 문제가 생길 수 있는 부분이다. 매수인이 중도금 대출을 승계할 수 있는 신용 상태인지, 은행과 건설사와의 절차가 제대로 이루어졌는지 확인하는 과정이 필수적이다.

친하게 지내는 동생이 모 아파트의 분양권을 매수하고 싶다고 해서, 분양권 매수를 도와준 적이 있다. 하지만 상대 중개사무실이 처음 거래하는 업체였기에 진행 과정에서 어려움이 많았다. 매매계약서를 작성하고 중도금 승계를 하는 과정에서 미숙함이 보여, 매도인 측에서 불만을 제기한 적도 있었다.

인지세 처리 과정에서 문제가 생겼다. 매도인 측에 15만 원의 인지세를 요구하거나, 은행에 가서 인지세를 직접 납부해달라고 요청했지만, 이 과정에서 서로의 의사소통이 원활하지 않아 문제가 발생했다. 결국, 매도인은 다시 은행을 방문해야 했고, 이는 거래 진행에 큰 불편함을 초래했다.

더욱이 분양권 매도 중개사무실이 부동산 거래 신고를 잘못해 오류가 발생하는 상황도 있었다. 매도 중개사무실은 이를 해결하지 못하고 전전긍긍하며 명의 변경을 다시 하자는 등의 엉뚱한 제안을 하기도 했다. 명의 변경이 마무리되지 않으면 모든 과정이 다시 원점으로 돌아가야 하기에, 이를 반드시 그날 해결해야 한다고 강조했다.

이런 상황에서 인근 중개사무실에 도움을 요청해 한방 프로그램을 사용해 계약서 수정을 진행했다. 실거래 신고 사이트에 접근할 수 없어 직접 시청에 방문해 실거래 신고를 하고, 필증을 발급받아 건설사에 제출했다. 건설사에도 상황을 설명하며 양해를 구했고, 그 자리에서 모든 문제를 해결했다. 이러한 과정을 통해 분양권 명의 변경 절차를 성공적으로 마무리할 수 있었다.

분양권 거래를 할 때는 다음과 같은 사항들을 주의해야 한다.

중도금 승계 절차 : 중도금 승계는 분양권 거래에서 중요한 절차 중 하나다. 매수인이 중도금 대출을 승계할 수 있는 신용 상태인지 미리 체크해야 하며, 승계 과정에서 문제가 생기면 분양권 명의 변경 전체가 불가능해질 수 있다. 신용 등급이 낮아 중도금 대출이 실행되지 않는 경우, 거래 자체가 무산될 수 있으므로 이 부분을 철저히 확인해야 한다.

건설사와의 협의 : 분양권 명의 변경 절차는 건설사와 은행과의 협업 속에서 이루어진다. 명의 변경 날짜와 시간을 예약하고, 필요한 서류와 절차를 철저히 준비해야 한다. 분양계약서 원본은 건설사와 분양주가 각각 보유하고 있으므로, 계약서 사본을 준비해 명의 변경을 진행해야 한다.

인지세와 부동산 거래 신고 : 분양권 거래에서도 인지세를 납부해야 하며, 이는 일반 매매계약과 마찬가지로 중요한 절차다. 인지세 납부가 제대로 이루어지지 않으면 거래 자체가 중단될 수 있다. 또한 부동산 거래 신고를 할 때는 오류가 발생하지 않도록 정확히 신고해야 하다.

명의 변경의 시기와 절차 : 분양권 명의 변경은 한 번의 실수로도 큰 차질을 빚을 수 있는 절차다. 따라서 모든 서류와 절차를 철저히 점검하고, 명의 변경 당일에는 가능한 모든 문제를 한 번에 해결할 수 있도록 준비해야 한다.

분양권 거래는 생각보다 쉬우면서도 복잡한 과정이다. 분양권 거래의 기본적인 절차를 잘 이해하고, 각 단계에서 발생할 수 있는 변수와 문제를 사전에 대비하는 것이 중요하다. 특히 매수인의 신용 상태, 건설사와의 협의, 인지세 납부 등의 절차를 정확히 파악하고 진행해야 하다.

부동산 중개업에 있어서 경험은 큰 자산이다. 세종시에서 12년 동안 분양권과 입주장을 봐왔으며, 이러한 경험을 바탕으로 현재 시장의 상황과 흐름을 빠르게 판단할 수 있다. 하지만 초보 공인중개사들에게는 이러한 과정이 어렵게 느껴질 수 있다. 그렇기에 분양권 중개와 관련된 교육을 철저히 받고, 현장에서의 경험을 쌓는 것이 중요하다.

부동산 시장은 끊임없이 변화한다. 그 흐름 속에서 신뢰를 쌓고, 고객에게 최적의 솔루션을 제공하는 것이 공인중개사의 역할이다. 분양권 거래와 같은 복잡한 절차도 철저한 준비와 경험을 바탕으로 하면 성공적으로 마무리할 수 있다. 앞으로도 필자는 이러한 경험을 바탕으로, 고객들에게 최상의 서비스를 제공하고, 성실한 공인중개사로서의 이미지를 계속 유지해나가겠다.

매수고객의 인연으로
토지 분양까지

    부동산 중개 실무에서 계약금, 중도금, 잔금 지급의 절차는 매우 중요하다. 이는 매도인과 매수인 간의 신뢰를 형성하고, 거래가 원활하게 진행될 수 있도록 하는 중요한 과정이다. 계약금은 보통 계약 체결 시 바로 입금되며, 이는 거래 성립에 대한 강한 의지를 나타낸다. 보통 큰 어려움 없이 계약금은 입금되지만, 중도금과 잔금 지급 과정에서는 다양한 상황과 문제가 발생할 수 있다. 오늘은 이러한 복잡한 사례 중 하나를 이야기해보고자 한다.

    어느 날 고객으로부터 한 통의 전화를 받았다. 고객은 자신이 원하는 특정 단지의 매물 상황이 어떻게 변할지 궁금해했다. 단지 내 매물의 가격이 다소 내려가고 있었지만, 필자는 그 단지가 실거주용으로 매우 매력적이며 향후 가격 회복 가능성이 높다고 설명했다. 고객은 내 조언에 따라 해당 단지의 매물을 보기로 했다. 우리는 함께 집을 보러 갔고, 그 집의 매도 금액은 11억 5,000만 원이었다.

고객은 그 집의 위치와 동, 층이 마음에 들어 매수를 희망했지만, 필자는 조금만 기다리면 더 좋은 조건으로 계약할 수 있을 것으로 판단했다. 그래서 매수인에게 기다려달라고 말씀드렸다. 매도인은 외국으로 떠날 예정이었기 때문에 시간이 촉박했지만, 그런데도 거래를 서두르지 않고 매수인에게 유리한 조건을 제안하고자 노력했다.

그러나 다른 공인중개사가 매도인에게 11억 5,000만 원에 매매를 성사시켜주겠다고 제안하면서 상황이 복잡해졌다. 시장이 하락세인 상황에서 11억 5,000만 원은 다소 높은 금액이었고, 매수인에게는 부담스러울 수 있는 조건이었다. 필자는 현재 시세와 시장 흐름을 종합적으로 고려해 11억 원이 적정 가격이라고 판단했다. 매도인에게는 이러한 상황을 설명하며 설득했고, 매수인에게도 11억 원이 적정한 가격이라고 안내했다.

결국, 매도인은 우리와 11억 원에 계약하기로 했다. 하지만 이후 매수인에게 예상치 못한 문제가 생겼다. 매수인은 자신이 소유하고 있던 토지를 매각해 아파트 매매 잔금을 마련하려고 했다. 그러나 토지 매각 대금에서 대출 문제가 발생해 자금을 받지 못하게 된 것이다. 이에 따라 중도금 지급이 어려워졌고, 잔금을 마련하는 데도 차질이 생겼다.

우리는 다양한 은행과 금융기관을 알아보며 대출할 수 있는 금액을 최대한 확보하려고 했지만, 매수인의 자금 상황은 여전히 어려웠다. 그때, 매수인은 자신의 지인에게 부탁해 근저당을 설정한 후 추가 대출을 받아 자금을 마련할 수 있었다. 다행히 이 과정을 통해 잔금을 치를 수 있게 되었지만, 그날의 상황은 매우 긴박하고 혼란스러웠다.

잔금을 치르는 날, 사무실에는 매도인과 매수인, 은행 사무장들, 개인 대출 담당자 등 총 10명이 모였다. 사무실이 마치 대규모 금융거래의 장처럼 북적였고, 각자의 역할을 조율하며 잔금 지급 절차를 마무리했다. 매수인은 자신의 사정으로 잔금 지급이 늦어진 것에 대해 미안해했지만, 우리는 그가 최선을 다해 문제를 해결하려는 모습을 보며 오히려 감동했다.

이후에도 우리는 매수인과 지속적으로 소통하며 부동산 관련 정보를 공유했다. 매수인은 그 후 세종시 인근 1만 6,000평의 토지를 개발해 세컨드하우스 단지를 분양하겠다는 계획을 세웠고, 이를 우리 사무실에 의뢰했다. 분양 전문가가 아니었기 때문에 처음에는 망설였지만, 매수인이 우리 사무실의 성실함과 일 처리 능력을 높이 평가하며 우리에게 일을 맡기고 싶다는 강한 의지를 보여 결국 함께 프로젝트를 진행하게 되었다.

매수인은 자기 자녀와 지인들에게도 우리 사무실을 소개했고, 우리는 점점 더 많은 고객을 맞이하게 되었다. 매수인은 우리에게 다양한 부동산 관련 업무를 계속해서 맡겼고, 이는 우리 사무실의 성장을 가져왔다. 함께 토지 분양을 진행하며 필자는 개발 사업에 대한 지식도 쌓을 수 있었고, 이는 우리 사무실의 또 다른 성장 기회로 이어졌다.

이러한 경험을 통해 필자는 고객과의 관계가 얼마나 중요한지 다시한번 깨달았다. 단순한 매매계약 하나가 끝이 아니라, 그 이후에도 꾸준히 소통하고 신뢰를 쌓는 것이 장기적인 성공으로 이어진다. 고객과 좋은 관계는 결국 우리 사무실의 명성을 높이고, 더 많은 기회를 가져다주는 밑거름이 되었다.

이 글을 읽는 공인중개사 독자들도 고객과의 소통을 소홀히 하지 말고, 그들과의 신뢰를 구축하는 데 집중하길 바란다. 작은 계약 하나가 더 큰 사업으로 이어질 가능성을 항상 염두에 두고 최선을 다하는 것이 중요하다.

결국, 우리는 단순히 부동산 매매를 중개하는 역할에서 더 나아가 고객과 함께 성장하는 파트너가 되어야 하다. 고객의 니즈를 이해하고, 그들과 함께 해결책을 찾고, 그들이 신뢰할 수 있는 부동산 전문가가 되기를 바란다. 나아가 고객의 사업이 성공할 수 있도록 도와주고, 그 과정에서 필자와 우리 사무실도 함께 발전할 수 있는 관계를 만들어나가길 바란다. 이러한 관계 구축이야말로 진정한 부동산 중개인의 성공 비결이라고 믿는다.

사례 18

오피스텔 분양 및 관리

오피스텔을 분양해주고 관리하면 중개사무실의 기본 경비를 만들 수 있다. 사무실 이전을 하고 처음에 지금 있는 건물에 들어왔을 때, 상가 분양 현황과 오피스텔 분양 현황을 먼저 알아봤다. 분양 현황을 체크하던 중 오피스텔을 할인해서 분양하고 있는 것을 알게 되었다.

그래서 오피스텔에 남아 있는 호실 오피스텔을 분양받을 방법 등을 체크하고 알게 되었고, 동시에 수익형을 원했던 부동산 고객들 몇 분에게 연락을 했다.

그중 한 고객은 지인의 소개로 동생분의 자금을 가지고 할 수 있는 방법을 제시받아 동생분의 분양권을 매수를 해주었다. 그 동생분의 분양권이 매수해 판매 매도를 하려는 걸 막아 소유권이전등기를 하게 해 투자의 방향과 마인드를 알려주어 많은 수익을 발생시켰다. 그러한 분위기에 그분도 필자를 믿고 갈 수 있는 상황이었다.

그래서 믿을 수 있는 분이고 주택 수에 들어가지 않게 작업을 할 수 있는 곳이기에 그분에게 오피스텔을 매수를 권했다.

　금액이 다소 높지 않기에 그분도 흔쾌히 분양받고 오피스텔을 계약했다. 임대는 물론 필자가 진행을 다 하던 찰나였다. 오피스텔 계약을 하고 나서 그분의 지인이 세종시에 있는 부동산 매매를 요청했다. 그분도 상담을 받은 후 오피스텔 매수를 하셨다 그리고 나서 그분의 지인들 네 분이 와서 똑같이 오피스텔을 매수하셨다. 사무실 간판을 올리자마자 오피스텔을 6개 호실을 분양했고 분양사와 건설사는 필자의 명성을 인정하기 시작했다.

　그렇게 오피스텔을 분양받은 그분 덕분에 6개의 오피스텔을 한 번에 분양하는 상황이 만들어졌다. 다행히 상가 중개사무실로 입점하면서 체면은 섰던 상태였고 그걸로 인해 다시 분양하시는 분들에게 이미지가 업데이트되어 상가 분양과 임대차 진행할 때 분양하는 사람들의 힘이 되었다.

　그렇게 했던 그 고객의 오피스텔 6개 호실을 관리하기 시작했다. 다른 호실들은 그냥 만기가 되거나 재연장만 계속해줘도 되는 상황이었는데, 유독 한 호실만 계속해서 임차인이 바뀌었다.

　처음에는 임대차 계약 진행했을 때 오래 살았고 두 번째 임차인도 회사에서 분양 임차를 얻어 길게 거주했다. 회사에서 나가고 났는데 갑자기 위의 층에서 누수가 생겨 아래층에 어려움도 생기기도 했다. 이러한 상황들로 임차를 새로 맞추고 임차가 들어가면 3개월 있다 나가고, 다시 들어오는 상황이 생겼다. 임차 맞춘 지 3개월마다 계속 임차인이 바꾸니 왜 이럴까 생각도 하고 다소 민망하기도 했다.

이렇게 임차인이 1년에 5번 바뀌었다. 임대인이 중개수수료를 지급할 일도 없고 임차인이 계속해서 중개수수료를 지급하기 때문에 임대인 불편함 없이 관리만 잘해주면 우리는 중개수수료로 한 세대를 가지고 5건, 10건의 중개할 수가 있는 것이다. 필자가 전혀 의도하지 않은 부분이었다.

고객 임차인만 임차시키고 나면 회사를 그만두거나 아니면 이직하거나 했다. 그것도 아니면 다른 계획이 틀어져 거주를 못 하게 되어 올해만 해도 벌써 4번 임차인이 바뀌었다.

이렇게 1개 호실을 분양하고 임차로 관리를 6개 호실을 하다 보니 사무실에 근무하고 있는 오피스텔 담당 직원은 그래도 계속해서 수익을 창출할 수 있는 기반이 되는 것 같다. 오피스텔이라서 수수료 단위가 낮기는 하지만, 그래도 여러 개 관리를 잘하면 수익의 매출에 도움이 된다. 오피스텔이라고 무시하지 말고 오피스텔 매수 분양 임차하는 고객이라고 무시하지 말자. 이렇게 오피스텔 중개에 임해 수익을 창출하는 방법을 이야기해봤다.

사례 19

상가 한 건으로
여러 건 적용

　상가 중개는 한 건이 여러 건으로 적용된다. 부동산 중개 실무에서는 계약서상의 숫자나 조건만큼이나 사람 간의 관계와 세심한 소통이 중요하다. 특히, 상가 임대차 계약의 경우 세심한 중개사만이 임차인과 임대인 간의 접점을 찾아내고 원활한 계약을 성사시킬 수 있다. 공인중개사로서 이러한 세밀함을 무기로 상가 계약에서도 두각을 나타내고자 했다. 상가 중개는 매매와는 다른 특성이 있어 더욱 꼼꼼하고 전문적인 지식이 필요했다. 이러한 이유로 필자는 상가에 대한 심도 있는 공부와 현장 경험을 쌓으며, 세종시를 비롯한 다양한 지역에서 상가 계약을 성사시키기 위해 끊임없이 노력해왔다.

　상가 임대차 중개를 맡고 있던 어느 날, 사무실 상가 담당 직원으로부터 한 가지 어려운 상황을 전해 들었다. 특정 상가의 임대 조건을 맞추기 위해 여러 차례 임대인과 접촉하고 협상했지만, 임대인이 쉽게 마음을 열지 않아 임대 계약이 진행되지 않고 있다는 것이었다. 임차인

역시 임대 조건을 수용할 수 있는 상황이 아니었고, 임대인은 회사 보유분이라는 이유로 더 협상에 나서지 않겠다고 단호하게 입장을 표명했다. 이러한 교착 상태를 해결하기 위해 필자는 직접 상가를 찾아가 상황을 해결해보기로 했다.

먼저 필자는 그 상가의 분양 시장 상황과 임대 문의 현황, 그리고 프랜차이즈 분양 기획 등 상가와 관련된 다양한 정보를 알아봤다. 단순히 계약 조건만 묻기보다는, 임대인의 상황과 생각을 이해하고 시장의 흐름에 대해 충분히 대화를 나눈 후 친밀감을 형성한 뒤 임대차 조건을 논의하는 것이 중요하다고 판단했기 때문이다. 이러한 사전 작업이 끝난 후, 상가 분양 이사님과 직접 만났고, 현재 분양 홍보관 자리를 얼마에 임대차 계약할 수 있는지 물어봤다.

물론 조건이 쉽지는 않았다. 임대인은 높은 임대료를 요구했고, 임차인은 그 금액을 감당하기 어려웠기 때문에 협상이 순탄치 않았다. 하지만 포기하지 않고 임대인과 임차인 모두에게 각각의 상황을 설명하며 설득을 시도했다. 임차인에게는 현재 상가의 입지와 전망에 대해 설득력 있는 자료를 제시했다. 임대인에게는 현실적인 임대 조건을 설명하며 지속적으로 임대료 조정을 요청했다. 이러한 노력 끝에 임대인은 마침내 마음을 열었고, 양측의 조건을 맞추며 임대차 계약을 체결할 수 있었다.

이렇게 어렵게 성사된 계약은 딸기 카페의 입점으로 이어졌다. 임대차 계약이 성공적으로 이루어진 후, 해당 상가에 또 다른 유명 프랜차이즈 2곳을 추가로 입점시키면서 상가의 인지도를 높였다. 이를 통해 우리 사무실은 해당 상가의 임대 주도권을 확보하게 되었고, 그 후로는 분양 현장이나 임대차 현장이 나오면 가장 먼저 우리 사무실로 연락이 오기 시작했다. 이에 따라 상가 매물뿐만 아니라 시행사들의 대형 토지 매물들도 필자를 통해 소개되는 경우가 많아졌다.

상가 임대차 계약은 임차인에게도 큰 결심이 필요한 일이다. 따라서 임차인이 마음에 드는 상가를 찾기까지 수개월 동안 상가를 함께 보고 다니며 입지와 상권, 주변 환경을 꼼꼼히 분석해 설명했다. 낮과 밤, 주말을 가리지 않고 현장을 함께 다니며 고객이 원하는 최적의 상가를 찾기 위해 동행했다. 이러한 세심한 노력이 결국 성과로 이어졌다. 고객은 만족스러운 상가를 찾았고, 필자는 그 어려운 임대 조건을 맞추며 또 하나의 성공적인 계약을 성사시켰다.

그 후로도 우리는 유명 프랜차이즈 계약을 추가로 체결하며 그 상가의 임차 주도권을 완전히 장악하게 되었다. 임대인과 임차인 모두 우리 사무실의 능력을 높이 평가하며 신뢰를 보내왔고, 그 결과 해당 건설사에서도 우리 사무실을 가장 먼저 찾는 상황이 되었다.

우리 중개사무실은 상가 임대차 계약뿐만 아니라 다양한 분양 프로젝트에서도 핵심적인 역할을 했다. 그렇게 세종시에서 우리는 신뢰받는 중개사무실로 자리매김했다. 대형 프로젝트와 상가 임대차를 성공적으로 진행하며 부동산 시장에서 확고한 위치를 차지하게 된 것이다. 상가 6개 호실, 9개 호실 등 대형 임대차 계약을 진행하면서 자연스럽게 '규모 있는 공인중개사'로 소문이 났고, 이러한 평판은 더 많은 시행사와 건설사의 문의로 이어졌다. 프랜차이즈 입점과 마케팅, 홍보까지 함께 진행하면서 고객의 성공을 돕고, 우리 사무실도 함께 성장해나갔다.

그러나 이러한 큰 프로젝트를 진행하다 보면 예상치 못한 난관에 부딪히기도 한다. 프랜차이즈 사업이 잘 진행되던 어느 날, 임차인이 더 넓은 공간으로 확장을 고민하고 있다는 소식을 들었다. 우리는 임차인이 근무하던 건물로 새로운 분양을 준비하며 대출 문제까지 해결하려고 했지만, 이 과정에서 다른 임대 대행업체가 그 대표님을 찾아가 더 나은 조건을 제시하며 경쟁이 생겼다. 저희가 처음 제안했던 입지는 교통이 불편해 추천하지 않았지만, 그 경쟁 업체가 먼저 움직이며 고객을 채가는 상황이 벌어진 것이다.

이러한 상황은 우리에게 큰 교훈을 주었다. 대형 프로젝트를 진행할 때는 계약 조건과 정보에 대한 보안이 무엇보다 중요하다는 사실을 깨닫게 된 것이다. 특히, 초보 공인중개사들은 계약이 성사될 때 너무 들떠서 자랑하거나 소문을 내기 쉬운데, 이는 정말 주의해야 할 부분이다. 작은 정보 하나가 전체 프로젝트를 좌우할 수 있으므로, 계약이 확정되기 전까지는 어떤 상황에서도 소문이 나지 않도록 철저한 관리가 필요하다.

결국, 부동산 중개업은 한 번의 계약으로 끝나는 것이 아니다. 성공적인 계약을 통해 쌓아온 신뢰가 또 다른 계약으로 이어지고, 이러한 과정에서 좋은 평판과 인지도를 얻게 된다. 앞으로도 고객과의 신뢰를 바탕으로 더 많은 성공적인 계약을 이끌어내고, 상가 임대차 중개 분야에서 더욱 전문성을 키워나갈 것이다.

이 글을 읽는 공인중개사들에게도, 부동산 중개업의 크고 작은 모든 일에 있어 신중하고 철저하게 업무를 수행하시길 당부드리고 싶다. 고객의 성공이 곧 중개인의 성공이며, 우리는 그 성공을 돕는 중요한 파트너라는 것을 잊지 말아야 한다.

사례 20

끈질기게 설득한 매수인

이번에는 잊지 못할 계약을 소개하겠다. 세종시는 대한민국에서 비교적 새로이 성장한 계획도시로, 도심 속의 자연과 최신 인프라가 공존하는 매력적인 지역이다. 특히 각 아파트 단지마다 독특한 설계가 돋보이는 곳으로, 매수인들의 관심이 끊이지 않았다. 그런 도시에서 수많은 계약을 성사시켰지만, 그중 하나는 지금도 머릿속에 생생하게 남아 있다. 그날의 기억은 단순한 계약 이상의 것이었다.

그날은 한겨울이었다. 하얗게 눈이 쌓여가던 크리스마스이브, 사람들은 가족과 함께 따뜻한 시간을 보내고 있었지만, 필자는 세종시의 한 아파트 계약을 마무리해야 했다. 그 아파트는 매도인이 급하게 내놓은 매물로, 시세보다 약 2억 원이 저렴한 4억 원대 아파트였다. 시세와 비교하면 누가 봐도 좋은 거래였고, 계약이 성사되는 그것은 시간문제처럼 보였다.

그러나 매수인은 시작부터 조금 예민하고 조심스러운 태도를 보였다. 처음에는 적당한 신중함이라 생각했지만, 계약을 진행하면서 그 신중함은 점차 불안으로 변하는 듯했다. 매수인은 계약서 작성 전부터 "더 생각해 봐야 할 것 같다"라며 결정을 미루더니, 계약 당일에는 계약금을 입금하는 문제로 두 차례나 연장을 요청했다. 물론 매도인은 그런 사정을 이해해주지 않았다.

계약 당일, 12시에 만나기로 한 우리는 약속 시각에 맞춰 아파트에서 모였다. 매도인은 무척 단호했고, 공인중개사들과 함께 거래를 빨리 끝내고 싶어 했다. 반면 매수인은 생각이 많아 보였다. 그녀는 계약서 앞에 앉아서도 쉽게 사인하지 못하고 망설였다. 시간이 지나면서 필자역시 마음속에서 조바심이 피어올랐다. 그날 필자는 2시에 다른 중요한 일정이 있었지만, 이 계약을 미루면 모든 것이 꼬일 수 있기에 끝까지 해결하고 싶었다.

시간이 흐를수록 매도인은 점점 더 인내심을 잃어갔다. 그는 팔짱을 끼고 매수인을 바라보며 짜증 섞인 목소리로 "빨리 결정하셔야 한다. 더 시간을 끌면 이 거래는 취소할 수밖에 없어요"라고 말했다. 매도인의 목소리는 날카로웠고, 매수인은 그 압박에 점점 더 긴장하는 것 같았다. 필자는 두 사람 사이에서 조율하며 매수인의 마음을 돌리기 위해 온갖 설득을 동원했다. 그녀에게 시세 대비 이득이 얼마나 큰지, 다른 매물과 비교했을 때 이 기회를 놓치면 후회할 가능성이 크다는 점을 강조하며 안심시켰다.

그렇게 2시간이 지나고, 3시간이 지나고, 어느새 5시간이 흘렀다. 저녁이 되도록 우리는 그 자리에 앉아 있었다. 크리스마스 분위기 따위는 느낄 틈도 없이, 필자는 모든 집중력을 동원해 매수인을 설득했다. 그러던 중 매수인은 고개를 숙이고 말했다. "알겠어요. 할게요." 그 순간 필자는 내 안에서 피어오르던 긴장이 서서히 풀리는 것을 느꼈다. 마침내 매수인이 사인하며 계약이 성사됐다.

계약이 끝나자 매수인의 남편이 필자에게 한마디 던졌다. "정말 대단하시네요. 이렇게 끈질기게 설득하실 줄은 몰랐습니다." 그 순간 필자는 비로소 필자 모든 노력이 보상받는 느낌을 받았다. 그의 말 한마디에 그날의 고된 시간이 위로받는 것 같았다. 하지만 필자는 이 계약이 그날로 끝이 아니란 것을 알고 있었다.

이후에도 매수인은 잔금 처리 문제로 몇 번의 전화와 방문을 하며 불안을 표현했다. 매도인은 계약이 끝났으니 모든 책임을 매수인에게 넘기고 싶어 했고, 매수인은 누수 문제를 발견해 다시 불안에 떨었다. 아파트 베란다 쪽에서 물이 새어 나오기 시작했기 때문이다. 필자는 즉시 누수 전문 업체를 불러 점검을 진행했고, 다행히도 큰 문제가 아니라는 것을 확인시켜주었다. 그런데도 매수인의 불안은 쉽게 가라앉지 않았다. 그녀는 여러 번 전화를 걸어 추가적인 보수 작업이 필요한지, 다른 문제는 없는지 확인을 요청했다.

이 모든 과정을 거치며 필자는 매수인과의 신뢰를 쌓아갔다. 처음에는 예민하고 까다롭다고 생각했던 매수인이 점차 내 조언을 신뢰하고 따르는 모습을 보며, 필자는 조금씩 그녀의 마음을 이해하게 되었다. 고객의 불안은 단순한 성격 문제가 아니라, 삶에서 중요한 결정을 내릴 때 누구나 느낄 수 있는 불안감이었다.

몇 달이 지나고 다시 매수인으로부터 전화가 걸려 왔다. 아파트의 일부 하자가 발생했지만, 그 문제는 실비 보험으로 무사히 해결되었다는 소식이었다. 그때의 매수인은 이제 처음과는 달리 차분한 목소리로 감사의 말을 전했다. 그때 필자는 깨달았다. 처음에 그렇게 신중하고 조심스럽게 나왔던 그녀가 결국 내 조언을 신뢰하고 모든 문제를 잘 해결할 수 있게 된 것이다.

지금 그 아파트의 시세는 3억 원 이상 올랐다. 매수인은 결국 큰 이익을 보게 되었고, 만약 그때 그가 계약을 미루고 기회를 놓쳤다면 지금과는 전혀 다른 결과였을 것이다. 그 계약을 통해 필자는 부동산 중개업에서 중요한 교훈을 얻었다. 어떤 일이든, 고객이 겪는 심리적 과정을 이해하고 끝까지 신뢰를 유지하는 것이야말로 성공적인 계약의 핵심이라는 점이다.

22년 동안 수많은 계약을 성사시키며 다양한 사람들을 만나왔지만, 이 경험은 여전히 필자 마음속에 깊게 남아 있다. 그때의 기억 덕분에 필자는 앞으로도 더욱 신중하게, 고객의 감정을 헤아리며 일을 할 수 있게 되었다. 지금도 그날의 매수인이 어떻게 지내고 있을지 가끔 생각이 난다. 문득 안부 전화를 하고 싶어지는 순간이다.

22년 차 공인중개사가 알려주는
상위 1% 부동산 중개 노하우

초판 1쇄 2025년 1월 4일

지은이 정진숙
펴낸이 허연　　　　　　　**펴낸곳** 매경출판㈜
기획제작 ㈜두드림미디어
책임편집 이향선　　　　　　**디자인** 노경녀 nkn3383@naver.com
마케팅 한동우, 박소라, 구민지

매경출판㈜
등록 2003년 4월 24일(No. 2-3759)
주소 (04557) 서울특별시 중구 충무로 2(필동 1가) 매일경제 별관 2층 매경출판㈜
홈페이지 www.mkbook.co.kr
전화 02)333-3577
이메일 dodreamedia@naver.com(원고 투고 및 출판 관련 문의)
인쇄·제본 ㈜M-print 031)8071-0961

ISBN 979-11-6484-744-0 (03320)